松原照子の
聖世見《せいよけん》

「不思議な世界の方々」が
教えてくれた
歴史の真実と近未来予言

ONE PUBLISHING

松原照子の聖世見

装幀　辻中浩一
本文デザイン　辻中浩一 小池万友美
カバーイラスト　フジイイクコ
ＤＴＰ制作　株式会社 明昌堂
校正　株式会社 聚珍社

はじめに

新型コロナと東京オリンピック２０２０の予言が的中

２０２０年３月に、東京オリンピックの延期が発表されてから、たくさんのご連絡をいただきました。２０１２年２月に、あるお集まりの席で「東京オリンピックはありますか？」という質問を受けたとき、「ない」と私が即答したことを覚えておられる方が大勢いらしたからです。

「２０２１年の東京オリンピックはどうですか？」と聞かれることもあります。

今の時点では、残念ながら、日本の皆様が沸き立っている様子が見えません。日の丸を振って応援する人たちの気配も感じません。そして、再延期される可能性は「ない」とも思います。

「パンデミックの予言が当たりましたね」ともいわれました。連載記事を書かせていただいている月刊「ムー」の2019年2月号で、「この数十年間、私たちが経験したことのなかったようなウイルスが発生し、人から人へと感染して大流行する」「こうした新型ウイルスが、東京オリンピックが開催される2020年に発生しないことを願います」と書いたからです。

また、ムー編集部の方が、「松原さんは2014年に、『5年以内にパンデミックが発生する』と書いていましたよ」と教えてくれました。

パンデミックのことを書いたのは、ひどい咳をして、肺炎になる人たちの様子が見えたからです。それがインフルエンザの症状とよく似ていたので、新型が大流行するのかもしれないと思っていました。

新型コロナの流行は、まだまだ収まりそうにありません。国内の一日あたりの感染者数がひと桁になるまでには、かなりの時間がかかると思います。収まっても根絶されることはなく、小規模な流行をくり返すでしょう。

寒い季節になると、新型コロナなのかインフルエンザなのか見分けがつきにくく、それが問題になるような気もしています。

でも、もしかするとインフルエンザと新型コロナウイルスは、互いににらめっこをする性質があり、勝利したほうが、流行を支配するのかもしれません。

インフルエンザと新型コロナウイルスがどちらも活発だと、私たちはとても困ってしまいますが、神様が私たちのことを思い、手加減してくださっていると、私は思っています。いえ、そうであってほしいと願っています。


新型コロナウイルスは、私たちにさまざまな学びを与えてくれました。

災害も、年々巨大化しているのを感じます。

世界経済も、コロナ禍の影響がどう出るのかが、今後の不安材料です。

海外への道が閉ざされたため、お隣の国でさえ、とても遠いように思えます。

このコロナ禍がいつまでつづくのかと思うと、だれしも心の中がクシャクシャになります。

でも、必ずや人間力が勝利する日がやってくることと思います。

2020年という年は、新型コロナウイルスのために世界中が心を痛めました。

それでも時は流れ、コロナ禍の時代を過去の出来事として思いだす日がきます。

コロナ禍を体験した私たちは、後の世の人々に、何を伝えればよいのでしょう。

原爆を経験した方々が語り部として話をされるとき、何を思われるのでしょうか。

原爆の体験とコロナ禍の体験では、ずいぶんと大きな差がありますが、私たちが今回体験した思いは、これから生まれてくる子供たちに伝え残したいと思います。

私のブログのタイトルは「幸福への近道」です。私の書くことが皆様方の幸福への近道になってくれることを願って、毎日、書いています。

この本では、多くの方々が心配されている地震などの自然災害、今の日本が抱えているさまざまな課題、日本と深いつながりを持つ諸外国の現状、そして、世界を動かす闇の勢力や古代の謎と不思議議などについて書かせていただきました。

お読みくださるあなた様にとって、幸福への近道を見つけるためのヒントになることを心から祈っております。

松原照子

目次

第１章
迫りくる災害に備えよ

第2章

これからの日本と経済

第3章

変わりゆく自然環境

注目すべき国々の現在と近未来

第4章

第5章

核の脅威と闇の勢力

第6章 古代の謎と空からの訪問者

コラム
幸福への近道

第１章

迫りくる災害に備えよ

日一日と近づく南海トラフ地震、
首都直下地震、富士山の噴火。
台風や大雨による洪水なども、
年々深刻化している。
災害大国に住む
日本人に向けての、
「不思議な世界」からの
メッセージとは？

熊本地震が南海トラフ大地震の呼び水になるかもしれない

「地球上の海底地形のなかで、日本列島周辺は最も複雑ですよ」

だれかの声が聞こえました。

房総・伊豆沖の海底で3つのプレート[*1]がぶつかり、3つの海溝[*2]が交わっています。このあたりは、ひとつが動きだすと他も動きたがる場所です。

現在の考えでは、マグマの動きにより地球上の数十枚のプレートが動いているといわれていますが、「マグマの動きだけが原因ではありません」と、不思議な世界の方がおっしゃいます。

もしかすると、私たちの心の中で、日々どんな会話を自分としているかにヒントがあり、地球はそこから何かを感じ取ってマグマを動かしているのかもしれません。

*1 北米プレート、太平洋プレート、フィリピン海プレートの3つがぶつかっている。

*2 日本海溝、伊豆・小笠原海溝、相模トラフの3つが交わっている。

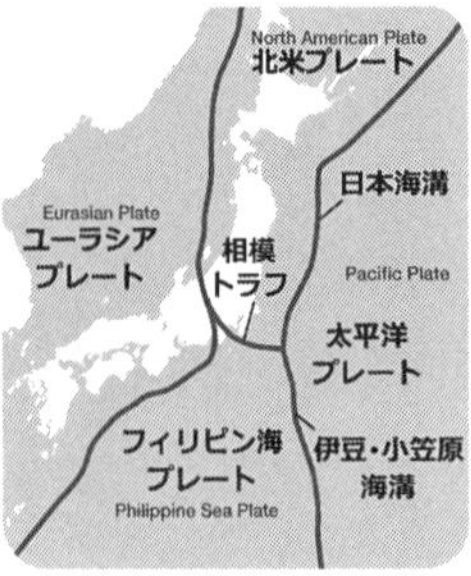

日本列島は、ユーラシア、北米、太平洋、フィリピン海という4つのプレートに乗っています。それゆえに、マグマの動きとは関係が深いのです。

プレートとは、英語で「板」のこと。厚さは海洋で5キロメートル、大陸では100キロメートルの場所もあるそうです。

4つのプレートの境界上にある日本で、地震が多く起きるのは仕方がないことなのです。とはいえ、2000年以降、世界で起きたマグニチュード6以上の地震のうち、20パーセントが日本周辺で発生したと不思議な世界の方に教えられると、心が痛みます。

でも、「マグマのおかげ様」といいたくなることもあります。温泉もそのひとつです。

それとね。あなた様はお気づきでしょうか。日本列島に住んでいると、ほかの国々に住んでいるより大きな活力をいただけるような気がしています。

日本列島の神秘は、日本に住む人々にはわかりにくいかもしれませんが、たとえば深さ８０００メートルの日本海溝にはお宝が眠っていると、私は思っています。

日本の北東部には北米プレートがあり、南西部のユーラシアプレートの上に乗っかっているのですが、その境界線上にある富山・新潟・長野・山梨・神奈川は、このふたつのプレートが動くと揺れます。地図に触れると、なかでも長野は[*3]昔、大きく動いた場所のように感じます。

東北地方には奥羽山脈、西を見れば中国山地、その先には四国山地が走っています。その間には、カーブの向きが違う日本アルプスが連なっています。どうやらこの構造にも、日本に地震が多く発生する理由が隠れているようです。

「第三紀[*4]初期、日本列島は海底にあった」と、不思議な世界の方が教えてくれました。「大」をいくつもつけたくなるほど大昔です。海底火山の活動のおかげで隆起して陸地になったのですから、地球のパワーはすごすぎます。

*3　長野県内で中央構造線と糸井川―静岡構造線が交わる。糸魚川―静岡構造線は、日本列島がアジア大陸から離れるときに形成されたフォッサマグナ（大地溝帯）の西縁。北米プレートとユーラシアプレートの境界ともいわれている。

*4　地質時代の区分のひとつで、新生代の前半。約６５００万年前から約１７０万年前まで。

「今の日本列島にはまだ知られていないことがある」と、不思議な世界の方が話されます。

「北米プレートにユーラシアプレートが乗っているあたりに、地溝帯がある」という声が聞こえました。でも、噴出物に覆い隠されてしまったため、今は境界がわからないそうです。

富士山[*5]、八ヶ岳、妙高山などにも、日本の地溝帯の神秘が隠されている気がしています。

今日は地図に触れると胸がざわつき、「くるよ、くるよ」と声になって言葉が出ますが、何がどこにくるのかはわかりません。

今開いている地図の上で、長野県の諏訪湖[*6]が大きく見えました。食い入るように見たくなるから不思議です。どうもこの諏訪湖は、東西を分ける線の中心にあるように思えます。

阪神・淡路大震災と、新潟県中越地震とは関係があるように感じています。1995年1月に起こった阪神・淡路大震災から9年後の2004年10月に新潟県中越地震が起こりました。日本の地震観

*5 富士山、八ヶ岳、妙高山は、フォッサマグナが形成される際に生じた火山列に含まれる。

*6 諏訪湖周辺は、フォッサマグナの西縁（糸井川―静岡構造線）に接している。

測史上、震度7を記録したのはこのふたつだけでしたが、東日本大震災が記録を塗り替えました。

神戸・新潟間の距離がどのくらいかはわかりませんが、阪神・淡路大震災によって歪みと申しますか、大地にエネルギーが加わったことで、距離が縮んだ気がするのです。「変形も起きた」とも書きたくなります。この縮みが大きかった場所で、新潟県中越地震が起きたと思ったりします。だとしたら、東日本大震災による歪みは、どこに蓄積されているのでしょうか。それも気になります。

熊本大地震は、皆様のご記憶に新しいことと思います。2016年4月14日夜半、マグニチュード6・5、最大震度7の激しい揺れが熊本を襲いました。そして16日の深夜には、さらに規模の大きいマグニチュード7・3、最大震度7の地震が発生しました。

熊本大地震は、次なる大地震の呼び水になっていると思えてなりません。熊本大地震によって大地に加わったエネルギーが日向灘《ひゅうがなだ》*7に蓄積されたとしたら、南海地震へと進む気もしてきました。5〜6

*7 宮崎県東部沖合の海域。南海トラフの西端に当たり、巨大地震の想定震源域内。プレート境界での地震のほか、30〜40年周期でマグニチュード7級の単独地震が発生している。

*8 日奈久断層帯のことか。熊本県上益城郡益城町から八代海南部にいたる断層帯で、ひずみが蓄積されているため、いつ地震が発生してもおかしくないとの見方がある。

年前から日向灘という言葉に心が反応し、この場所が揺れるとビクビクしてしまいます。
「日奈久《ひなぐ》*8はまだ元に戻っていない」と書きたくなりましたが、日奈久という地名は、私の知識のなかにはありません。

瀬戸内海も安心してはいられません。伊予灘から瀬戸内海国立公園にかけての防予諸島、安芸灘、芸予諸島あたりも、いつ地震が起きるかわからない場所です。とくに「芸予」*9と書いたとき、う〜ん、気になると思いました。

紀伊水道*10と豊後《ぶんご》水道*11。このふたつの地名も出てきました。津波と関係がありそうです。
万年山《はねやま》*12などという山があるのでしょうか。この付近が揺れたら、「気をつけなさい」という合図のようです。

でもね。起きる前に悩んでも、どうにもならないのが自然災害です。いたずらに恐れるよりは、「備えあれば」と、立ち向かう気力を養いましょうよ。

＊9 １９０５年と２００１年に芸予地震が発生。芸予地方は、フィリピン海プレートがユーラシアプレートの下にもぐりこむ「沈み込み帯」の北端に当たる。

＊10 南海トラフ地震にともない、紀伊水道から大阪湾沿岸部に津波が伝播すると考えられる。

＊11 南海トラフ地震および日向灘の地震にともない、太平洋から豊後水道へ津波が侵入してくると考えられる。

＊12 大分県東部の別府湾海底から大分県西部にいたる別府―万年山断層帯のことか。万年山自体も大分県内にあり、標高１１４０メートル。

東海、南海、首都、富士山……大地震が15年以内にふたつはくる⁉

ここ数年、いつも気になっていることがあります。私は今74歳です。日本の女性の平均寿命は87歳。それまで生きられるとしたら、あと13年しかありません。

なぜこのようなことを書くのかと申しますと、私が生きている間にもう一度、地震による大災害をこの目で見ると思えて仕方がないからです。いつ、どこで大地震が起こってもおかしくない。そんな思いがいたします。

30年以内[*1]に南海トラフ地震が起きる確率は70〜80パーセント、規模はマグニチュード8〜9、静岡県から九州の沖合にかけての広い範囲が揺れに見まわれ、死者・行方不明者数は最大32万3000人[*2]にのぼると政府は発表しました。でも、30年を待たずして大地震が

*1 ここに記された数字は、2013年に政府が発表した内容による。

*2 想定条件は「冬・深夜、風速8メートル／秒」。

起こるのではないかと感じます。歴史に名を残す大地震が、15年以内にふたつはくるような気がしています。

トラフというのは、海溝ほど深くはない、細長い溝状の地形のことのようですが、このトラフが静岡県沖から宮崎県沖までつづいているのです。

地図を広げて南海トラフといわれるところに触れてみますと、歪みと申しますか、エネルギーのようなものが少しスピードを上げて蓄積されている気がします。歪みの蓄積が一杯いっぱいになると、その反動で地震が起こるのだと思います。

2020年になってからは「東海、南海が先か」「首都、首都周辺が先か」「富士山の噴火が先か」ということを常に思うようになりました。

マグニチュード8クラスの地震が立てつづけに起きたら、日本はどれだけのダメージを受けるのでしょう。今度大地震が起きると、ほぼ同時に同じ規模の地震がくるように思うのです。

日本列島の周辺は、２５０年前から３５０年前の地層に近くなっていると、不思議な世界の方が話されています。１００年というスパンは、私たち人類にとっては長いように感じますが、地球にしてみれば、そうでもないのだと、お話を聞いて思いました。

私が生まれた１９４６年[*3]にも、南海地震が起こっています。フィリピン海プレートの境界あたり。こんなことも書きたくなります。あれからもう74年が経ちました。

駿河湾も、南海トラフと関係があるのでしょうか。理由はわかりませんが、「１７００年[*4]」と書きたくなりました。

今「元禄」という字が見えました。元禄[*5]時代に地震が起きていたとしたら、それと同じ場所が揺れると太平洋側のプレート境界も揺れ、ワン・ツー・スリーと地震がつづき、マグニチュード８以上の揺れを覚悟しなければならないようです。

「宝永[*6]」「慶長[*7]」。この字も見えています。「南西諸島[*8]」という字も見えました。２５０年前から３５０年前に何が起きたのかを調べる

＊3 １９４６年12月21日、昭和南海地震が発生。マグニチュード８・０。揺れと津波が、南西日本に大きな被害をもたらした。

＊4 １７００年１月26日、北米西海岸沖で、マグニチュード８・７〜９・２と推定されるカスケード地震が発生。岩手県宮古市、茨城県ひたちなか市、静岡県静岡市などの７か所で、津波の被害を記録した文書が発見されている。

＊5 １７０３年12月31日、相模トラフを震源とする元禄地震が発生。

＊6 １７０７年10月28日、南海トラフのほぼ全域を震源とする宝永地震が発生。その49日後に宝永大

と、これからの動きがわかるように思います。

名前に「慶長」とつく地震があれば、そのときに揺れた場所とその近辺は、今後、注意が必要になるかもしれません。また、慶長のときのように動くこともありそうです。

南海トラフは、深さ4000メートル級の溝です。「南海トラフ」と、今改めて書くと、頭の中で「慶長」と混じりあうように感じています。

[*9]1854年12月23日に、東北から四国までが揺れたという記録が残っているそうです。それから166年が経過しています。地震発生後、数分から1時間ほどで、広い範囲を津波が襲いました。

「似ているのかなあ」と、意味もなく口からこんな言葉が出てきました。「海溝型」とも書きたくなります。

土佐湾沖、対馬、濃美、明応。

なんとなく書けてしまいましたが、この文字の意味についても、私たちはよく考えたほうがよさそうです。

噴火（富士山）が起きた。

*7 慶長を名に冠する地震は次のとおり。カッコ内は被災地、Mはマグニチュードの意。1596年9月1日、慶長伊予地震（伊予／M7・0）。1596年9月4日、慶長豊後地震（豊後／M7・0）。1596年9月5日、慶長伏見地震（畿内／M7・5）。1605年2月3日、慶長地震（東海・南海・西海諸島／M7・9）。1611年9月27日、慶長会津地震（会津／M6・9）。1611年12月2日、慶長三陸地震（三陸沿岸・北海道東岸／M8・1）。

*8 南西諸島海溝の北端は、南海トラフとつながっている。

*9 安政東海地震が発生。

それほど遠くないうちに首都が揺れる！日ごろから「備えあれば」の姿勢を忘れずに

東京都は２０１２年に、東日本大震災を踏まえて首都直下地震の被害想定を見直しました。複数の震源・震度・発生時刻などを想定し、それぞれの条件下でどんな被害が出るかを発表したのです。

たとえば、元禄型[*1]の地震が夕方に起きた場合、死者は約５９００人、負傷者は約11万人にのぼると予想されています。曜日によっても差が出るのではないかと少し疑問が湧きますが、首都直下地震が発生すれば、想定外のことが起こり得る気がします。

住宅や都市機能が集中し、一日に２３０万人以上の人々が移動する東京。もちろん地震の発生時刻によっても、被害の内容や大きさが違ってくるでしょう。阪神・淡路大震災[*2]のときを考えれば、あの時刻だったからあの被害になったのです。通勤・通学時だったら、

*1 1703年12月31日の未明に発生した元禄地震のこと。

*2 1995年1月17日5時46分52秒に発生。

どうなっていたかわかりません。

埼玉県から東京へ入る人は88・3万人。

神奈川県から東京へ入る人は100万人。

千葉県から東京へ入る人は70・3万人。

他の道府県から東京へ入る人は14・5万人。

大地震が昼間に発生すると、帰宅困難者を生みます。

首都直下地震になるのか首都周辺の地震になるのか今はわかりませんが、それほど遠くない日、首都が揺れる気もします。大きな揺れでないことを願わずにはいられません。

立川断層[*3]は、首都直下地震をもたらす活断層のひとつだといわれていますが、立川断層の状態が、今までとは異なっているように感じています。

また、これまでにも何度か書いているのですが、埋め立て地は地盤が軟弱なため、大きく揺れるように思います。河川の埋め立て地は、とくに気になるのです。

*3 埼玉県入間郡名栗村から東京都青梅市、立川市を経て府中市にいたる断層帯。ここで地震が発生した場合、死者約2600人、負傷者約3万1700人と推定されている。

相模湾と、相模灘の真ん中あたりも、注意すべき場所だと思います。今後、陸側の浅い部分で揺れが起こったら、気にしなくてはならないとも思ってしまいます。

関東平野は、沖積層[*4]という軟らかい地層で、活断層がわかりにくくなっているそうです。

これまでの本や「幸福への近道」というサイトで何度も書かせていただいていますが、自然界がつくった川を人間の都合で移動させたために、阪神・淡路大地震のときは、もとの川の流れの上に建っていたビルが崩壊したり、傾いたりしました。

北海道で最大震度7の大きな地震が発生したとき[*5]、液状化現象によって土に埋まったのは、沼地や川を埋め立てた場所だったと聞いたときは、「やはり」と思いました。

東京という場所は、徳川家康の治水対策[*6]や、その後の川の利用法から、かなりの無理を強いられていると思います。首都直下地震が直撃したときに、このような場所はどうなるのでしょうか。

*4　現在の川や海の堆積作用によって形成された新しい地層。固まっていない泥、砂、石などからなり、沖積平野を形成している。

*5　2018年9月6日、北海道胆振東部地震が発生。厚真町で最大震度7が観測された。死者43人、負傷者782人。揺れによる被害のほか、土砂崩れや液状化などの2次災害も多数発生した。

*6　1590年、家康が江戸城に入ったころの利根川は、関東平野を乱流しながら南下し、荒川や入

だからといって心配しても、地球の意志で動く自然界が相手ですから、どうにもなりません。わが身の安全を確保するには、日ごろから「備えあれば」を忘れぬことと、いざ本番のときは恐怖に打ち勝ち、「生きる！」と声に出してご自分に宣言することが大事です。そうすれば、地球がパワーを与えてくれると信じています。

ただ、ご自分が住んでおられる場所が人間の手によって変化した場所かどうかは、調べておかれるほうがよいと思います。

停電も、多くの場所で起こることでしょう。

もしも停電になったときは、次の方法が最高です。

用意する品は、大きめの懐中電灯と、水の入ったペットボトル。懐中電灯を点けて、その上に水が入ったペットボトルをのせると、かなり明るくなります。懐中電灯が小さい場合は、コップも用意しましょう。懐中電灯の光を上にしてコップに差し込み、その上に水入りペットボトルをのせます。懐中電灯で、水の入ったペットボトルを横から照らす方法もあるようです。

間川と合流して、下流では浅草川、隅田川と呼ばれて東京湾に注いでいた。家康は、水害の防止と物流路の確保に向けて大規模な河川改修を推進。水路、支川、堤防などを築き、利根川の流れを東に移動させて、銚子で海に注ぐようした。「利根川の東遷」といわれている。

南海トラフ地震と富士山の噴火は連動して起こる可能性が高い

日本の象徴といえば富士山です。その美しさは、全世界に知られています。

2020年の春先以降は、新型コロナウイルス拡大の影響で海外からの登山者が少なくなっていますが、2000年9月に訪日団体旅行ビザが解禁され、旅行ブームに湧く中国人の間でも、富士山は人気スポットになりました。

富士山は、れっきとした活火山です。火山としては、若いほうだそうです。きれいな円錐形をしているのは、過去に何度も噴火をくり返した証拠です。今から10万年前までに、小御岳《こみたけ》という火山が生まれました。小御岳の下には、さらに古い先《せん》小御岳という火山も見つかっています。

その後は、1万3000年前までに古富士が形成され、1万1000年ほど前に起きた大噴火によって現在の富士山ができあがったと、不思議な世界の方が教えてくださいました。

奈良時代の781年以降、少なくとも10回は噴火している富士山ですが、噴火の形式[*1]が定まっていないそうです。

864年の貞観大噴火[*2]のときには、溶岩流[*3]が北麓に流れ込みました。当時、北麓には「せの海」という湖がありましたが、このときの大噴火で分断され、西湖《さいこ》と精進湖《しょうじこ》になりました。ふたつの湖は、本栖湖《もとすこ》と水中でつながっているともいわれています。

湖を分断したくらいですから、噴火物の量はかなりのものだったと思いますが、今から313年前、1707年12月16日に起きた宝永大噴火では、貞観と同等以上の噴火物が排出されたそうです。このときは、南東の山腹、4～5合目に火口[*4]が開いて大きな爆音が上がりました。午前10時ごろに地震が起きたかと思ったら、大爆発したのです。江戸でも正午ごろには火山灰が降りはじめたといわれま

＊1 新富士火山（現在の富士山）の噴火では、溶岩流、火砕流、スコリア（多孔質で暗色で、岩状の噴出物）、火山灰、火口以外からの噴火による地形の形成などが見られ、「噴火のデパート」といわれている。

＊2 貞観大噴火の5年後、869年には、日本海溝付近を震源とする貞観大地震が発生している。

＊3 溶岩が一帯を覆い、青木ヶ原樹海が形成された。

＊4 宝永大噴火により、山腹に宝永山が形成された。宝永山には3つの火口があり、標高の高い順に第1火口、第2火口、第3火口と呼ばれている。

す。今度、富士山が大噴火をしたときには、周辺都市で空振《くうしん》*5が起きて、窓が割れたりするかもしれません。

宝永以後、富士山は眠りについています。貞観大噴火から宝永大噴火までにかかった年数は843年ですから、できればあと500年くらいは大噴火を起こさないでほしいと思いますが、「南海トラフ地震が起きると富士山も噴火する」と書きたくなるのです。

地図上で富士山に触れてみたら「いつの日かマグマの内圧が高まる」という言葉が聞こえました。その日が近くなければよいのですが、20年も経たないうちに起きるようにも思えます。もしも宝永噴火と同じくらいの規模ならば、火山灰が予想をはるかに超えた被害をもたらすでしょう。

富士山の近くには箱根山と愛鷹《あしたか》山があります。私は箱根が火山だとは思えなかったのですが、箱根山も立派な火山だそうです。

地図に触れるとね。箱根山が元気になると、愛鷹山も元気になることがわかります。最近は、箱根山がとくに気になります。

*5 火山噴火などにより発生した空気の急激な圧力変化が、大気中を伝わる現象。強い空振が発生すると、窓ガラスが破損するなどの被害が出る。

*6 2年間以上、継続的に凍結している地盤を永久凍土といい、富士山でも確認されている。しかし、1976年の段階では、標高3200メートルとされていた凍土の下限が、その後の25年間で山頂側に300メートル後退。現在

富士山に、凍土[6]や氷床[7]ってあるのでしょうか。「溶ける」という文字が見えているのです。

富士山とその周辺だけではありません。今や、日本中いたるところが活動期を迎えているように思えます。

1990年11月17日、普賢岳の山頂東側の地獄跡火口や九十九島火口から噴煙が上がったときの光景を覚えておられる方も多いことでしょう。北九州という地も動きはじめた感じをぬぐうことはできません。桜島、阿蘇山、そして普賢岳も。桜島と書いたら、[8]米丸《よねまる》という名前が浮かびました。

長野県と群馬県の境にある浅間山も、[9]2005年初頭のころのような動きをしていると、今日は感じています。

こうして地図に触れると、気になる場所だらけです。

自然を少しでも穏やかにしたいなら、日ごろから自然界に「ありがとう」と心を込めていうことが大切です。この思いを高めていけば、いざという場面で自然界に加減してもらえると思っています。

では標高3700メートル以上の地点でも、凍土が確認できない場所があるという。

*7　氷床とは、広範囲にわたって陸地を覆う氷河のことだが、富士風穴内にも「氷床」と呼ばれるものがある。

*8　鹿児島県始良《あいら》市にある、直径約1メートルの火口跡。ランクCの活火山に指定されている。

*9　2004年7〜11月に小規模なマグマ噴火がしばしば発生し、降灰、空振、火山礫の降下などが見られた。現在、火山活動の高まりが指摘されている。

自然界の変化をよく観察すれば
地震の前兆が感じ取れるかもしれない

大地震は、本当に予知することができないのでしょうか。今まで起きた大地震から、私たちはたくさんのことを学べると思います。

動物たちは、地震が起きる前に異常行動をとるといわれています。たとえば、ネズミがビルからいなくなったりします。

阪神・淡路大震災のときに、このことを実感しました。当時、私は大阪の吹田市に住んでいて、お勤め先ではネズミがいたずらばかりしていたのですが、地震が起きる1か月くらい前から、パタリといたずらがやんだのです。

「このごろネズミの被害がなくなったね」と話をしていたら、あの大地震が起きました。もしかしたら、地震を察知したネズミが、もっと安全な場所へお引っ越しをしたのかもしれません。

*1 1855年11月11日に関東南部で発生。震源は東京湾北部、マグニチュード6・9〜7・4。安政年間は地震が頻発したが、そのなかで最大規模。江戸市中で約1

温泉や井戸水も、地下の変化を私たちに教えてくれます。

大震災が起きる1年前くらいから、有馬温泉の茶褐色というのでしょうか、鉄の色に似た独特な湯の色が、薄くなったといわれていました。井戸については、現在ではあまり見かけなくなったので、地下水の温度が上昇しているかどうかはわからないかもしれませんが、安政江戸地震[*1]のときには、地下水の湧出や鳴動といった前兆現象が発生したといいます。

阪神・淡路大震災の約1週間前には、「灘の生一本」で有名な宮水の井戸で、ラドン[*2]濃度の異常が観測されました。

2日前の1月15日には、明石発・淡路島の富島行きの客船から海面を眺めると、黒褐色の渦巻きが見えたそうです。きっと地下水の噴出によって、海底のヘドロが巻きあげられたのでしょう。

空も、私たちに地下の動きを教えてくれます。

阪神・淡路大震災の2～3週間前には、震源地上空の電離層[*3]の高さに変化が見られたそうです。

万以上の死者が出た。

*2 地下水や大気中に含まれる放射性元素であるラドンの量が、阪神・淡路大震災の8日前に著しく増加したとの報告がある。また、地震の数か月前から、六甲山地で地下水の湧出量の増加や化学組成の異常な変化が見られた。

*3 地震の約2週間前から数時間前にかけて、ラジオやテレビの雑音、リモコンや携帯電話などの動作異常が発生したという報告が多数なされている。これらは電離層の変化が原因かもしれない。電離層の変化と大地震との関連性については、研究が進められている。東日本大震災の5～6日前にも電離層に変化が現れたという。

そして地震雲[*4]は、やはり地震を知らせてくれる雲だと思っています。雲は大気の運動によってつくられます。その大気は、地下の影響を受けて変化しますから、地震のサインが現れると思うのです。

地震雲って、当たる確率が高いのですよ。ただ、詳しい場所や日時まではわかりません。これまでの経験では、地震雲を見た日から早くて2〜3日、遅いときは10日後に地震が起きたこともありました。地震雲を見つけたからといって地震をストップさせることはできませんが、「大きく揺れないで」と願うことはできます。

あなた様も、空を見あげることを習慣にしませんか？　そうすると、ふだんは見ないような雲が知らせてくれたり、夕焼けや朝焼けが異様なまでに赤くなって知らせてくれたりします。

地震の発生前には、多くの人が光を見たそうです。こうした発光[*5]現象は、中国の四川大地震やイタリアのラクイラ地震をはじめ、世界各地で報告されています。

このように、地震の前には、なんらかのかたちで必ず自然界がお

*4　地震雲という言葉を日本に広めたのは、1967〜1980年に奈良市長を務めた鍵田忠三郎。戦時中に雲と地震との関連に気づき、1948年の福井地震を2日前に予知したほか、市長在任中に公衆の面前で何度も予知を的中させている。なお、地震雲について気象庁は、雲は大気の現象であり、地震は大地の現象で、両者はまったく別の現象であることをまず指摘し、地震雲が「ない」といいきるのは難しいが、どのような雲で、地震とどのような関係で現れるのか、科学的な説明がなされていない状態、と発表している。

*5　発光現象は、1600年代から記録に残されており、2007年のピスコ地震（ペルー）、200

知らせをしてくれます。

そして、何よりも重要なのは、あなた様の生命力と精神力を高めておくことです。日ごろから「今、私は生きている」と自覚してお過ごしになられると、大難が小難になり、いざ本番のときには生きるための勘が働くと信じきっています。私たち人間は、動物のなかでも身を守る勘がいちばん低下していると思いますが、気構えひとつで大難を小難にする力は、まだ衰えていません。

それと、「ありがたい」という思いをできるだけ多く持ってください。そうすることで、「人間力」と「生き力《りょく》」がアップします。心配ばかりして過ごすと、このふたつの力が低下しますので、どうか心配しすぎないようにしてくださいね。

もちろん「備えあれば憂いなし」も大切です。今のうちに非常食や持ちだし用の荷物を準備し、万一のときの連絡方法をご家族や親しい方々と話しあっておきましょう。ハザードマップを見て、危険な地域などを確認しておくのも大事なことです。

8年の四川大地震（中国）、2009年のラクイラ地震（イタリア）などでも報告されている。アメリカの地質学者、ロバート・セリオールトによれば、ほとんどの発光現象が断層周辺で目撃されていることから、断層運動が発光現象の原因ではないかという（2014年、「ネイチャー」誌ほか）。左の画像は四川大地震の直前に見られたという、彩雲に似た発光現象。

降水量が年々記録を更新している！
荒川流域と淀川流域は洪水に要注意

東京の荒川[*1]って、大丈夫でしょうか。

この荒川が氾濫するときが近づいているように思えるのです。

荒川の下流域は、全国の1級河川のなかでも人口密度が高い地域です。大規模な洪水や氾濫が発生したら、大きな被害が出るかもしれません。

もうずいぶんと前のことですが、荒川が決壊して地下鉄の入り口[*2]に大量の水が流れ込み、王子から銀座に向かうという、悪夢のような映像が見えたことがあります。あの映像を思いだすと、今でも背筋がゾーッと冷たくなります。

三越百貨店を左手に見た、地下鉄の入り口。そこから水があふれ出ているのです。入り口には「地下鉄ＳＵＢＷＡＹ」とありまし

＊1 荒川流域の江戸川、墨田、江東、足立、葛飾は「江東５区」と呼ばれ、海抜ゼロメートル地帯が広がる。かつて例がないような巨大台風が都心に上陸し、荒川と江戸川が決壊した場合、人口の９割以上、約２５０万人が浸水の被害を受けると想定されている。

また、洪水による浸水が発生した場合、江東５区の約32パーセントは、２週間以上、水が引かないと予想されている。

＊2 これときわめてよく似た場面が、国土交通省の荒川下流河川事

た。横文字の苦手な私が、この６文字を覚えているのです。

荒川周辺には、隅田川、綾瀬川、中川、大場川、江戸川、坂川、新坂川が流れています。こうした地域では、住宅が建っている場所より高い位置に川が流れていることがあり、とても気になります。

降水量は、年々記録を更新しています。私たちが想定している降水量以上の雨が、集中的に降る日がくると思えるのです。

もしも２日間[*3]で６００ミリという豪雨が上流に降り注いだら、荒川の水位は７メートルを超えるでしょう。水の流れより下の部分から土手が崩れる場面が、今見えています。この土手が荒川ではないことを祈るばかりです。

もともと東京は湿地帯で、ひとたび大雨が降れば何日も冠水したままだったそうですが、江戸時代初期、徳川家康[*4]によってつくり替えられ、都市へと変貌していきました。

１９６４年の東京オリンピックも、川の流れを大きく変えるきっかけとなりました。東京での開催が決まったのは、１９５９年５月

務所が製作した動画「荒川氾濫」にある。ＹｏｕＴｕｂｅで視聴できるので、興味のある方はぜひご覧いただきたい。防災に関する知識も盛り込まれている。

＊3 国土交通省によれば、荒川の上流域に、３日間で５００ミリを超える大雨が降ると、堤防が決壊する恐れがあるという。

＊4 28ページ参照。

のこと。そこから1964年10月までの約5年間で、開催に向けての突貫工事が行われたのです。首都高が誕生したほか、大きなホテルや競技場などが次々と建てられました。東京モノレールは、1年4か月で建設されたそうです。そのような工事の一環として、悪臭を放ち、害虫が発生していた中小の河川が、暗渠[*5]や遊歩道に生まれ変わりました。

しかし、こうして人間の都合で流れを変えられた川は、何かの拍子に、元の姿に戻ろうとするようです。

阪神・淡路大震災のときに、かつて川だった場所に建っていたビルが倒壊したことは、28ページでお伝えしました。それと同じことが、東京でも起こり得ると思うのです。

今、マンホールの蓋が水圧に耐えかねて吹き飛ぶ場面が見えました。でも、荒川の氾濫が原因かどうかはわかりません。

大阪の淀川[*6]も、東京の荒川とあまり変わりません。寝屋川、玉串川、第二寝屋川、平野川、大和川、古川。こうした川の流れより低[*7]

*5 1961年、東京都は、都内の一部を除いたすべての河川を暗渠化し、下水道幹線とすることを決定した。これにもとづき、渋谷川、目黒川、立会川、呑川をはじめ、山の手の河川の多くが暗渠化された。それまでの東京都内では、下水道の整備が不十分で、汚水が河川に流れ込み、悪臭の原因となっていた。

*6 1885年6月中旬から7月初旬にかけて、発達した低気圧が相次いで大阪を襲ったため、淀川流域で未曾有の大洪水が発生。堤防が次々に決壊し、大阪市内の大半が浸水被害を受けた。これを機に淀川改良工事がはじまった。市の中心部から離れた北側に新しい放水路を開削し、川幅を広げ、大

い場所に建物があり、民家も見えます。

現在「大阪平野」と呼ばれている場所は、歴史をさかのぼれば大[*8]部分が河内湾でした。約７０００年前には浅い海だったのですが、長い年月をかけて淀川と大和川が土砂を堆積させたため、陸地ができたのです。

ＪＲ大阪駅とその付近には、地下が何階もあります。調査した人から以前お話を聞いたところによれば、内部の老朽化がかなり進んでいるようでした。大和川の堤防が決壊したら、最大２メートルもの水がやってくる気がしています。淀川の堤防が決壊すると、あっという間に水に呑み込まれるでしょう。

残念なことですが、毎年の恒例行事のように洪水被害が出る日本になってしまいました。

ハザードマップを見ておくと、見ていない人よりかなり早く避難できるといわれています。どうぞ皆様、各ご家庭でご確認くださいますように。

雨のときに大量の水を素早く海に流せるよう新淀川をつくった。

*7 淀川下流部の大半は海抜ゼロメートル以下の低平地であり、人口が密集していることから、高潮・津波に対する対策が重要とされている。

*8 約7000〜6000年前の縄文時代前期、大阪平野は、海水面の上昇（縄文海進）によって、河内湾と呼ばれた海の底にあり、現在の上町台地は半島のように突きでていた。

過去3回のパンデミックを起こしたペストが、ふたたび猛威を振るう可能性はゼロではない

2020年は、世界が新型コロナウイルスの猛威にさらされた最初の年として、私たちの記憶に長く残るかもしれません。この新たなウイルスは、私たちの体を蝕むだけでなく、経済・社会までも脅かしています。

人類の歴史は、感染症と戦いつづけてきた歴史ともいえます。かつては、感染症が人間の主要な死因だったのです。現代の先進国においては生活習慣病が主要な死因ですが、そのように転換したのは1950年前後のことです。[*1]

国を越えて広がりつづける新型コロナウイルス。パンデミックは世界の人々にどのような影響を与えるのでしょう。飢餓や戦争が人類を苦しめてきたことは理解できます。でも、まさか感染症がこれ

*1 日本の場合、1950年ごろまでは、死因の1位が結核、2位が肺炎だった。『厚生労働白書』によれば、1958年以降はほぼ、悪性新生物（がん）、心疾患、脳血管疾患が死因の上位3位。現在、疾病全体に占める生活習慣病の割合は、死亡原因では6割、医療費では3割とされている。

*2 ペストについては、過去3回のパンデミックが発生したと考えられている。詳細な年代については諸説あるが、1度目は6〜8世紀に、エジプトからヨーロッパ北西部に広がった。2度目は14〜19世紀に、中央アジアからヨーロッパに広がった。3度目は19〜20世紀に、中国からインドとアメリカ

ほど人々を悩ませるとは、体験するまで実感が湧きませんでした。

歴史上、最も有名なパンデミックのひとつがペスト[*2]です。致死率が5〜7割という、とても恐ろしい感染症でした。発病すると皮膚が黒く変色したため、「黒死病」という別名で呼ばれていました。

潜伏期間は2〜6日、発病すると39〜40度の高熱を発し、全身の倦怠感もあったようです。腺ペスト[*3]と肺ペスト[*4]があって、腺ペストが肺ペストに移行することもあり、全身に広がると敗血症ペスト[*5]になったのです。治療しないと数日で死亡します。

ペストは、6世紀、14世紀、19世紀にもパンデミックを引き起こしました。今後また猛威を振るう日がこないとはいえないのです。

14世紀に流行したとき、人々にとってペストは、恐怖以外の何ものでもありませんでした。当時の世界人口は約4億5000万人でしたが、ペストによる死者数は1億人を超えたのですから。

パンデミックは、いつ起きるかわかりません。それくらい自然界は病気になっているのです。

西海岸に広がった。国立感染症研究所によれば、21世紀以降は、主にアフリカ、南北アメリカ、アジアで患者が報告されているという。罹患者の死亡率は8・2パーセントである。

*3 菌を保有するネズミなど、野生のげっ歯類からノミを介して感染する。

*4 咳などによる飛沫感染でヒトからヒトに伝播する。腺ペストから続発する場合もある。

*5 腺ペストの状態で適切な治療が行われなかった場合、リンパ流や血流を介してペスト菌が全身に広がり、敗血症型ペストに移行する。

今までにない進化を遂げた「蚊」が新たな病気をもたらすかもしれない

マラリア[*1]は、蚊が媒介となって広まる厄介な病気です。マラリア原虫を持った蚊に刺されることで感染するのです。頭痛、筋肉痛、発熱などの症状が起こり、死に至ることもあります。

かつては世界で100万人もの死者を出し、現在でもかなりの人がマラリアで亡くなっているそうです[*2]。治療と予防ができるようになったとはいえ、アフリカ[*3]の子供たちの死因のトップはマラリアだといいます。

日本人も、海外からの帰国後に発症することがあります。このときに風邪などと誤診されると、命取りになりかねません。

これからは、蚊に注意が必要だと思うのです。

マラリアの分布域は、熱帯・亜熱帯を中心に100か国以上に及

*1 マラリアは、結核やエイズとともに、人類に甚大な健康被害を及ぼす3大感染症のひとつ。予防や治療は可能だが、予防接種ワクチンはない。

*2 WHO（世界保健機関）によれば、2018年には世界で推定2億2800万人がマラリアに罹患し、そのうち推定40万5000人が死亡した。

*3 WHOによれば、マラリアの死亡者のうち67パーセントが5歳未満の子供であり、死亡者の94パーセントがアフリカに集中しているという。

びますが、地球温暖化が進むと、どうなるのでしょう。熱帯・亜熱帯地域が拡大していき、それにつれて蚊の生息域やマラリアの分布域も広がっていくのではないかと懸念しています。とくに中国、それとアメリカの一部地域、ブラジルも心配です。マラリアの脅威を私たちは知ることになると思えます。

現在、蚊は変化と申しますか、進化と申しますか、今までにない威力を身につけはじめているようです。[*4]

脳炎がどのような症状なのか詳しくは存じませんが、脳炎に似た症状の病気を蚊がつくると思えて仕方がないのです。

予防法は、蚊に刺されないこと。これしかなさそうな点も気になっています。

マラリアだけではありません。蚊によって媒介され、有効なワクチンがまだない感染症は他にもあります。[*5]

ネズミ、コウモリ、ダニ、アリ、鳥類、ブタにも要注意です。ダニに至っては、さまざまな種類のダニが媒介して、院内感染が起こ

*4 蚊の駆除には、ジョチュウギクに含まれる有効成分ピレスロイドが使われるが、近年では、ピレスロイドへの耐性を獲得した蚊が多くの国で出現している。

*5 デング熱、ジカウイルス感染症、チクングニア熱など。デング熱については、2014年、70年ぶりに国内で流行した。媒介蚊は、ヒトスジシマカ。160人を超える患者のうち、99パーセントが代々木公園をはじめとする都内の公園で感染したと推測されている。

るかもしれません。いったん人間が感染すれば、体液などを介して人から人へ移るものもあります。

鳥インフルエンザも、今後いつ爆発的に広がるかわかりません。もしも、カラスが感染症の主役になったら、どうなるのでしょう。心配の2文字が頭をよぎります。とはいえ、新種のウイルスをつくるのは人間のようにも思います。

さまざまな感染症が、世界各国で猛威を振るう日がくるかもしれません。最大の原因は、温暖化のように思います。

自分の心の状態を知ることが、勘を磨く第一歩になります

どんな苦難であれ、乗り越えられないことはないと信じています。

私自身、苦難がつづいたこともありました。そのおかげで、嬉しいことに、他人様の苦しみをよく理解できるようになりました。

それとね。悩み事があるなら、ダラダラと悩むのではなく、時間を決めて悩むのが正しいとわかりました。心の中をいつも爽やかにしていないと、勘は働きにくいものです。

では、どうすれば心の中を爽やかにできるのでしょうか。

それは、心のスイッチを自覚することからはじまります。自分の心の中が、今どのような状態なのかを知る時間を持つことです。

私は文章を書くときに、勘のことを「感」と書きます。といいますのは、勘が働いても、それを感じ取ることができなければ、何の役にも立たないからです。

だからね。申しあげたいのです。ご自分が感じ取れる力をアップしてほしいのです。

感じ取る力を磨くのは、それほど難しいことではありません。ご自分が目覚めてから眠るまでの間、心の中でご自分に何を話しているのかということに気持ちを向け、自覚してください。

「トイレに行こう」もあれば、「ラン

チは何にしようかな」もあるでしょう。自分の行動に結びつくこと以外にも、さまざまな思いが心の中に飛来して、「嬉しい」「イヤだ」「つまらない」といった呟きが生まれていることでしょう。そのひとつひとつをよくご覧になってください。

　たとえば、ご自分の行動に結びつく会話なら、「トイレに行こう」ではなく「トイレに行きます」に変えるだけでも、あなた様の「気」が変わります。

「ランチは何にしようかな」ではなく「ランチに〇〇が食べたい」と答えを出してしまうほうが、心の中が楽になり、「勘」を感じ取るゆとりができるのです。

　私はといえば、大好きな韓流ドラマを見るときには「今から〇〇を見ます」といってから見たりしますし、ただボーッとしてテレビを見るときには、「これからボーッとします」と、自分に伝えるようにしています。

　勘というのは、ご自分が感じ取ることで、はじめて役に立ちます。そのためにも、日ごろからご自分のお心の状態を知る時間を持つことが大事です。

　人間ですから、心がざわつくこともあるでしょう。解決の糸口が見えず、イライラすることもあるでしょう。心配しても仕方がないとわかっていても、心配してしまうこともあるでしょう。

それをすっかりなくしましょう、といっているのではありません。心がざわついていることや、イライラしていることを自覚できればよいのです。「イライラしているな」「心配しているな」と、ご自分の状態をお心に話してください。

心という生き物は、ご主人様のいいなりで、ご主人様の気力を失わせることも、アップすることもできます。ご主人様である皆様が、ご自分の心をコントロールするには、心が今どのような状態であるかを知っておく必要があるのです。

ダラダラと悩んでもかまいません。でも、そのことをしっかりと受けとめて、「私は今、ダラダラと悩んでいます」と、ご自分にいってみてください。すると、不思議なことに、さほど長くは悩まず、次なるステップへ進んでいけるはずです。

勘を感じ取れる人が少なくなったな、と思うことがあります。電車に乗ると、スマホに見入る人の多いこと。これでは、いざというときに勘を感じ取れないな、とも思ってしまいます。

真剣に物事に取り組んでいるときは、心が自然とひとつのことに集中して、勘を感じ取れることが多々あります。ひらめきや発明は、こんなときに生まれるのでしょうね。反対に、暇つぶしをしているときは、身を守る勘を感じ取る力が半減しています。
スマホが普及する前と今とでは、人々の心の中の会話が変わりました。考える力が低下し、勘を感じ取る力も落ちてしまったように思います。

あなた様がご自分の勘を感じたいと思われるのなら、一日を過ごされるなかで、ほんの少しの時間でもけっこうですから、ご自分の心の状態をしっかりと感じてください。

心がスッキリしていないときには歌を一曲歌うのもおすすめですし、「今からコーヒーを飲みます」といってからお飲みになるのもおすすめです。心のあり方を自覚することが、勘を感じ取るための第一歩です。

災害があまりにも多く起きるようになった今、勘の働きをアップさせることは、とても大切だと思います。

日本の未来を考えてみますと、残念ながら、輝かしくはなさそうです。

だからといって、暗い顔をして過ごす必要はありません。

私ね。いちばん好きな言葉は「幸福は笑顔から」です。どんな境遇でも笑顔さえ忘れなければ、間違いなくよいことがやってくると信じています。

一日一日を過ごすことが「嬉しい」と思える人は、どんな災難も小難にする力を持っています。そのことをあなた様にぜひ、知っていただきたいと思います。

第2章

これからの日本と経済

少子高齢化による人口減少が、
大きな課題となりつつある。
その一方で、国の抱える借金は、
ふくらんでいくばかりだ。
日本で暮らすわれわれが、
念頭に置いておきたいことは何か？

２０６５年、日本の人口は８８０８万人となり、そのうち約４割を65歳以上の高齢者が占める

２０２０年早々から、世界が新型コロナウイルス一色に染まったおかげで、多くの社会問題が忘れられがちです。でも、新型コロナウイルスが流行しているからといって、その他の事柄がお休みになるわけではありません。ウイルス騒ぎの陰で、進行している出来事がたくさんあることを忘れないようにしたいものです。

人間にとって自然災害は脅威ですが、人間がつくりだす数々の問題にも目を向けなくてはいけません。

２０６５年といえば、今から45年も先のことです。そのため、実感をもって受けとめることがなかなか難しいかもしれませんが、２０６５年には、日本の人口は８８０８万人に減少する[*1]といわれています。しかも、そのころには65歳以上の高齢者が、全体の約４割に

*1 国立社会保障・人口問題研究所が、2017年4月に発表したところによれば、日本の総人口は2053年に1億人を割り、20

達するのです。

今の日本の人口は、約1億2596万人です（2020年7月現在）。2008年のピーク時が1億2808万人でしたから、12年の間に212万人も減少しているのです。2065年に8808万人になるとしたら、今の人口と比べて、約3割もの人がいなくなることを意味します。

65歳以上の高齢者が増える一方で、現役世代の人口は減っていきます。どんな社会になるか、想像ができますか。今20歳の人が65歳になったときには、10人のうち4人が高齢者という世界が待っているのです。[*2]

高齢者に給付される老齢年金は、基本的には現役世代が支払う保険料でまかなわれます。しかし、45年後の世界では、現役世代の人が高齢者の老齢年金をまかなうのは不可能に近いと思います。これからますます高齢者への給付金は減っていくことでしょう。

悲しいことですが、日本の未来は明るいとはいえません。生産と

65年には8808万人になるという。なお、2020年8月に総務省が公表した人口動態調査によると、2019年から2020年にかけて、日本の人口が50万50 46人減少した。50万人以上が減少したのは、1968年に調査を開始して以来、はじめてのことだという。

*2 2065年の日本では、総人口に対して65歳以上の高齢者が占める割合が、38・4パーセントになると予測されている。

消費を支える現役世代の人口が減少することによって、経済全体が暗くよどむのがわかります。このまま放置していると、本当に困ったことになるのです。

ひとりの女性が一生の間に産む子供がふたりより少なければ、人口は減っていきます。また、結婚をしない人が増えていくのも感じています。[*3]

２０１９年の日本の合計特殊出生率は、前年を0・06ポイント下回り、１・36でした。出生数は86万５２３４人で、過去最少です。２０２０年は、この数字をさらに下回ることでしょう。

未来の子供たちのために、私たちは何ができるのでしょうか。今生まれてくる子供たちが40代になったとき、自分の未来に失望する姿は想像したくありません。

２０１５年から２０６５年の50年間で、男性の平均寿命が80・75歳から84・95歳になり、女性の平均寿命は86・98歳から91・35歳になると予測されています。

*3 ２０１９年６月に内閣府から発表された「少子化社会対策白書」によれば、２０１５年における生涯未婚率は、男性23・４パーセント、女性14・１パーセント。２０４０年には、男性29・５パーセント、女性18・７パーセントになると予測されている。

ところがです。0～14歳の年少人口は、2015年で1588万人だったものの、2065年には898万人しかいません。

2065年のことを今から心配しても仕方がないと思われるかもしれませんが、少子高齢化という課題は、年々重さを増して日本人の肩にのしかかってくるでしょう。

これを食い止められなかった政治の責任はじつに重い。政治家だけの責任ではありません。現在、政治に対する国民の関心がどのくらい高いのかを知りたいところですが、選挙のときの投票率を見ますと、関心が薄いとしか思えないのが残念です。

2065年というと身近に感じないかもしれませんが、20年後ならどうでしょうか。

こんな数字があります。

北海道では[*4]2010年からの30年間で、130万人以上もの人口が減少するといわれています。自治体の規模が縮小され、合併が起きるのも仕方がありません。

*4 北海道の発表によれば、北海道の人口は、1997年の約570万人をピークに、全国より約10年早く人口減少の局面に入った。2010年の人口は約550万6000人、2040年の人口は約458万～約450万人と予測されている。

札幌市[*5]は2010年からの30年間で、約20万人減少するといわれています。20万人といいますと、東京都台東区が現在約20万人ですから、この規模の人口が札幌市から姿を消すことになるのです。それも30年間のうちに。

函館市は、30年後に約17万4000人になるといわれています。このまま人口が減少すると、2110年、函館市の人口は約3万人になると推計できます。

地方自治体が消滅の危機を迎えるのは仕方がないことかもしれませんが、首都・東京を想像してみてください。老人の人口比が40パーセント以上になった東京をイメージすることができますか。食文化もずいぶんと変わることでしょうね。若者のように流行のファッションを追うこともないし、そもそも衣服をあまり買わないでしょう。ここは若者の街、あそこは老人の街と、居住空間が分かれたりするかもしれません。

日本全体を見ると、人口は減少する傾向にありますが、そのなか

*5 札幌市の人口は、2015年の約195万人をピークに減少に転じると予測されていたが、2020年9月時点では約197万人。2010年の人口は約191万人、2040年の人口は約187万人となる見込みだ。

*6 2015年の国勢調査にもとづく東京都政策企画局の発表によれば、東京都の総人口は、2025年の1398万人をピークとして緩やかに減少し、2060年に

で東京は、２０２０年１月まで24年連続して人口が増加しています。その東京が、老人の街になるのです。現在の東京の人口は約１３００万人です。ところが、２０６０年には約[*6]１０３０万人になるといわれています。

ここで悲しい現実が見えてきます。地方から若者を呼び集めないかぎり、東京の人口を維持することはできません。しかし、若者を東京へ呼べば呼ぶほど、地方では衰退が加速していきます。

消滅の可能性がある都市も、あと30年ほどすれば出てきます。政令指定都市だからといって安心はできません。人口は減少していきます。

島根[*7]と鳥取[*8]は、人口減少に歯止めがかかりません。島根では、年間５０００人規模で人口が減少しているといわれています。

私たちひとりひとりの考え方と行動を変えることで、人口減少を止められるのでしょうか。それとも、すでに手遅れで、なすすべもなく２０６５年を迎えるのでしょうか。

は１１７３万人となると予測されている。上記（本文）の「約１０３０万人になる」というのは、前回（２０１０年）の国勢調査にもとづく数字。

*7 島根では、１９５５年の約92万９０００人をピークに人口が減少傾向にあり、近年では、自然減（死亡者数−出生者数）で４０００人弱、社会減（転出者数−転入者数）で１０００人前後と、全体で年間５０００人程度の人口減少が見られる。

*8 鳥取では、１９８５年の約61万６０００人をピークに減少をつづけ、２０１８年３月１日の時点で、県内の総人口は推定56万３３７７人となった。

私はまだ希望を捨ててはいません。２０６５年までに、あと45年もあります。若者が「家庭を持ちたい」「次世代の子供たちを育てたい」と思えるようなことをひとつでも多く取り入れ、実践していくことが大切です。

家庭を持つことが幸せへの入り口とは申しませんが、自然界を見ますと、伴侶を見つけて次世代の命を育むことは、あらゆる動物がやっていることだとわかります。なのに、私たち人間だけが、その道から外れようとしています。

政治の力で、人々の心を豊かにしてほしいと私は思います。このまま人口減少がつづくと、日本の未来が輝くことはありません。四国[*9]4県で人口が１００万人以下になるのを見たくはないのです。それに、60代が「若者」になる社会って、やはり不自然です。

今ならまだ間にあいます。20代の若者たちが、次世代へと命をつなげたくなるような社会をつくりましょう。そうでないと、２０６５年ごろにはとても厳しい社会が待っています。

*9 四国圏の人口は、1985年の約423万人をピークに減少しはじめ、2050年には約258万人になると予測されている。

人口の減少にともない納税者が減少し、道路や橋の補修ができなくなる可能性あり

郊外型[*1]の大型ショッピングモールが次々と登場したのは、1990年代あたりです。しかしながら、物販を中心とした物流業は、生産年齢人口が減少しているためか、縮小を余儀なくされています。

もしも、こうしたことがつづき、日本経済が低成長またはゼロ成長になると、地方が誘致した企業や工場、銀行や公共機関の支店・支所がなくなっていくかもしれません。そうなると、特定の企業で働く人や公務員といった人々で成り立っていた小規模な商店や自営業者が、閉店や倒産に追い込まれていきます。

公共インフラである道路や橋梁も、老朽化が進んでいきます。ところが、補修する予算が出せない地方も出てくるでしょう。このような状態が各地に広がると、人が住みにくくなり、空き家[*2]が増えて

*1 日本初の本格的な郊外型ショッピングセンターは、1968年、大阪府寝屋川市にオープンしたダイエー香里《こおり》店（2005年に閉店）だといわれている。1980年代以降は、車で来店する利用者に対応できるよう、駐車場が併設されたショッピングモールが郊外に増えていった。

*2 総務省の発表によると、2018年10月1日時点で、国内の住宅総数に占める空き家の割合は、過去最高の約13.6パーセント。戸数も過去最多の約846万戸となった。

いきます。

戦後、日本ではベビーブーム[*3]が2度ありました。第1次ベビーブームでは年間約270万人もの赤ちゃんが誕生し、団魂の世代ともいわれたのですが、昨今では、90万人[*4]に届かないのが実情です。ふたたびベビーブームが日本で起きるかといったら、「起きない」としかいえません。

人口減少は、間違いなく私たちに次から次と問題を投げかけてきます。あなた様の身にもふりかかることがあると思います。

だってね。人口の減少は、納税者の減少を意味するのです。税収が激減すると、倒産・破産する都道府県や市町村が出てくることになります。大都市も安心できません。大阪市だって危ないのです。

自治体の財政が破綻すれば、住民が受けられるサービスは低下し、水道などの公共料金や住民税が増大します。公共インフラである道路や橋梁も老朽化が進みます。大地震や大洪水が起きたら、もとに戻るまでには長い時間がかかるか、場合によっては復旧できな

*3 第1次ベビーブームは、第2次世界大戦後の1947〜1949年。ピークの1949年には、年間の出生数が約270万人に達した。この3年間に生まれた人々は「団塊の世代」と呼ばれる。第2次ベビーブームは1971〜1974年で、ピークの1973年には、年間の出生数が約209万人となった。この4年間に生まれた人々は「団塊ジュニア」と呼ばれる。

*4 厚生労働省は、2020年6月5日、2019年の人口動態統計月報年計（概数）を発表。それによれば、出生数は2018年より5万3166人少ない86万5234人で、1899年の調査開始以来、最少を記録した。

いかもしれません。

トンネルが、恐怖の対象になる日がくるとも思います。コンクリート製の天井板、あるいはその板を支える金属が損傷して天井が落下。こんな事件が起きそうなのです。

水道も老朽化が進みます。水道管が破裂して、数十メートルも水が噴きあがる光景を見ることになりそうです。水が噴きあがらないまでも、水道管が破損すれば、各家庭やオフィスの蛇口から、濁った水が出てくるでしょう。

今はまだ平和で、インフラの老朽化など気にならないかもしれません。でも、あと15年もすると、インフラの維持費や更新費がふくれあがり、とても厳しい状況に追い込まれるのが見えています。

２０２０年６月、政府はアメリカの最新鋭戦闘機「Ｆ35」[*5]を大量に購入しました。「戦闘機を買うよりインフラ整備でしょう」と、私などは思ってしまいます。私たち自身も、インフラの老朽化という問題をもう少し真剣に心にとめておかないといけません。

*5 アメリカ国務省は２０２０年７月９日、最新鋭ステルス戦闘機「Ｆ35」計１０５機について、日本への売却を承認したと発表。売却総額は、日本円に換算して約２兆４８００億円にのぼる。

平成の大合併以上の大合併が令和の時代に起こるかもしれない

あなた様は「平成の大合併」[*1]のことを覚えておられますか。これにより4割以上の市町村が消え、100以上の市が誕生しました。1999年から2006年にかけてのことです。

かつては市町村名のなかで最も多く、全国に12か所もあったのが「大和」でしたが、今では神奈川県の大和市、宮城県の大和町、鹿児島県大和村の3市町村だけになりました。

元号のつく市町村もいくつかありましたが、明治村は昭和の大合併のときに姿を消しました。大正も、大阪の大正区を残して消滅しています。昭和は、山梨県の昭和町と、群馬県・福島県の昭和村の3つが残っています。平成と令和が名前につく市町村は、今のところないようです。

*1 1999年から、政府主導で行われた市町村合併。自治体を広域化することで行政・財政の基盤を強化することなどを目的とする。全国の市町村数は、1999年には3229だったが、市町村合併特例新法が期限切れとなる2010年には1727になった。

*2 明治の大合併は、1888年の「町村合併標準提示」にもとづき、約300～500戸を標準規模として全国的に行われた。この結果、1888年に7万以上あった町村数が、1889年には約5分の1になった。この大合併の目的は、江戸時代から引き継がれた自然発生的な集落を、近代的な行政単位に再編成すること。

ちなみに、新たに市の名前を決める場合、混乱を避けるために、すでに存在する市の名前をつけることは原則として認められていないそうです。

これから先、ますます人口が減少したら、令和の大合併が起きないとは、だれにもいえません。私は、あと30年も経たないうちに市町村合併の嵐がやってくると思っているのです。

大宝律令により日本に「国」が設置され、国の下に地方を管理する「郡」と「里」が置かれました。里は、郷里制を経て郷に改称され、郷が地方行政の最小単位になりました。その後、地域単位による新しい村落が形成されたのです。

明治時代[*2]には政府によって町と村が整理され、昭和の大合併[*3]とつづき、平成の大合併の次は、今まで以上の大合併時代が到来することでしょう。人口減少が大合併を招くのです。

あなた様が住まわれている地域はどうでしょうか。東京はかつて35区[*4]ありましたが、今は23区です。

*3　昭和の大合併は、1953年の「町村合併促進法」、1956年の「新市町村建設促進法」により推進され、これによって市町村の数は3分の1になった。この大合併の目的は、行政事務の合理化である。第2次世界大戦後、新制中学校の設置管理、市町村消防や自治体警察の創設の事務、社会福祉、保健衛生関係の新しい事務を市町村が担うことになったため、能率的に処理する必要があった。

*4　1932年に、東京市の周辺5郡82町村を編入、改編して新たに20区を設置し、それまでの15区と合わせて35区とした。第2次世界大戦後、戦災復興のなかで23区に整理統合された。

日本が抱えている借金はGDPの2倍以上！私たちは国の経営にもっと関心を持つべき

2020年度の一般会計予算[*1]は、前年度比1・2パーセント増の102兆6580億円です。

その一方で、国の借金は1114兆5400億円と、過去最大の金額になりました。これをきれいに返済して、収支を黒字に転換することは、ほぼ不可能でしょう。借金が過去最高だった2019年度より、11兆1856億円も増えてしまったのです。

政府は、年度ごとに予算をつくります。毎年4月から翌年の3月までの予算を編成し、国会の承認を受けて予算が決まるのです。日本という国を運営していくのに、国民から徴収する税金[*2]だけでは足りません。国債に頼りきりなのです。

国債とは、「〇年度に返済します」というツケのようなものです。

*1　一般会計とは、公共事業や社会保障など、一般的な行政事業の範囲で、毎年必要となるような経費を扱うもの。

*2　2020年度の歳入の内訳は、所得税・法人税・消費税などの税収が63兆5130億円、税外収入が6兆5888億円、新規国債発行が32兆5562億円で、国債が約3割を占めている。

2020年度は、借金を返済した金額より、新たに借金をする額のほうが大きかったのです。

会社経営で見たら、いつ倒産してもおかしくありません。普通に考えれば、銀行に借金をしていて、その利息も払えずにいる状態では、次の借り入れなどできませんから。ところが日本では、そのような状態がもう何年もつづいているのです。

安倍総理[*3]の在任中に、いったいどれだけの借金が増えたのでしょうか。1114兆5400億円といえば、GDP[*4]の約2倍。日本の人口で割ると、国民ひとりあたり約885万円にもなります。

支出でとくに増えたのは社会保障費ですが、なんと防衛費[*5]が8年連続で増えているのです。

私ね。わからないことがあります。

日本が破産しないのは、借金のほとんどを国民から借りているためといわれます。家族内でお金を融通しているようなものだとしても、家族内で融通できるお金がなくなったら、家族全員が破産申告

*3 第2次安倍内閣が発足したのは2012年暮れ。2012年時点での長期債務残高は、国と地方を合わせて997兆218億円。単純計算で、2020年までに117兆3219億円の借金が増えたことになる。

*4 GDPとは国内総生産のこと。国内で1年あたりに生みだされた付加価値の総計。

*5 2020年度の防衛予算案は、前年度比1・1パーセント増の5兆3133億円。これは過去最高額である。

をするか、一家離散か、生活保護を受けるかしかありません。

でも、一般人が生活保護を受けられるのは、国がそういう制度をつくり、国民の生活を守っているからです。私たちの生活を守るはずの「国」が破産したら、国民はどうなるのでしょうか。それ以前に、日本という国が破産したら、だれかが手を差し伸べてくれるというのでしょうか。

国民ひとりあたりの借金が年々増えているのに、国民は実感を持てずにいます。日本は、債務残高[*6]の対GDP比が世界一なのです。そういわれても、今ひとつピンとこない人が多いように思います。

このままでは近い将来、国民が泣きを見ることになります。過去の借金の返済や利払いは、今どうなっているのでしょう。人口減少が進むと、これからの30年でデフォルト[*7]になると思ってしまいます。「デノミ[*8]」が現実になる日がくるかもしれません。

私たちが国の経営を気にもとめず、いろいろなことを見逃していると、わが身の生活が脅かされるばかりです。

***6** 主要先進国の債務残高を対GDP比で比較すると、2020年の推計値で、最も高い（借金が大きい）のは日本で234パーセント、2位がイタリアで134パーセント、3位がアメリカで108パーセント。

***7** 債務不履行。国債や社債の利払いが遅れたり、元本の償還が不能になったりすること。

***8** デノミネーションの略語。1000円を新1円にするなど、通貨の呼称単位を切り下げまたは変更すること。インフレによって金額を表示する桁数が大きくなりすぎ、計算や支払いが不便になったときに実施される。

マイナンバーから個人情報が漏洩する？
制度の安全性をしっかりと見守る必要あり

新型コロナウイルスの拡大にともない、「マイナンバー」[*1]という言葉が注目を集めました。国民ひとりあたり10万円の給付金を受け取るときに、マイナンバーカードがあればスマホから申請できるということで、話題になったようです。

マイナンバー制度って、よくわかっている人のほうが少ないのかな、と思いました。

マイナンバー制度とは、企業や国民ひとりひとりに番号をわりふり、個々の所得・税金・年金などの情報を、国や市町村がまとめて管理する制度のことです。

マイナンバーは12桁の数字で、各人固有のもの。個人の死後も、同じナンバーが使用されます。たとえばAさんが亡くなったからと

*1 住民票を持つすべての国民に対して、ひとりにひとつ与えられる個人番号のこと。

*2 マイナンバー制度は、2016年から運用が開始された。この制度の目的は、国民の利便性の向上、行政の効率化、公平・公正な社会の実現とされている。

いって、Ａさんが使っていたマイナンバーが、他の人にわりふられることはありません。

この制度の目的は、社会保障や税制度の効率化と透明性を高め、きめ細かな制度をつくり、税負担の公平化を図ることなどにあるようです。

マイナンバー制度の正式名称をどれだけの人が覚えておられるのかわかりませんが、とても長い名の法律です。

「行政手続における特定の個人を識別するための番号の利用等に関する法律」

覚えられましたか？

希望者には、顔写真入りのマイナンバーカード[*3]が交付されます。このカードがあると、役所へ行って提示するだけで住民票の発行や転出入などの手続きができます。また、住民票をはじめとするいろいろな証明書をコンビニの端末で受け取れるそうです。

ところが、心配なこともあります。

＊3 マイナンバーカードは、身分証明書として使えるほか、オンラインでの確定申告に使える、住民票や印鑑証明等がコンビニで受け取れる、「マイナポータル」が利用できる、「マイナポイント」が利用できるほか、２０２１年３月からは健康保険証代わりに使用できるなどの仕組みが導入される。

＊4 マイナンバー（個人番号）だけが漏洩しても被害は発生しないと考えられる。しかし、マイナンバーに加えて氏名や顔写真が漏洩すると、個人情報の不正売買を経

[*4]個人情報の漏洩が危惧されているうえ、２７００億円という、とてつもない導入費がかかったのです。加えて、マイナンバー制度を維持するには、年間３００億円程度の管理費が必要なのだそうです。それほど多額の税金を注ぎ込んでも、費用対効果が不明で、プライバシー侵害の危険性が高いのが問題です。

各省庁、自治体、税務署は、マイナンバーをどのように扱っているのでしょう。個人情報が詰まっているマイナンバー。ある日、どこかの国に情報が盗まれたら、どうなるのでしょうか。これからの20年で、情報の漏洩が起きるようにも感じています。

過去を振り返れば、２００７年には[*5]年金記録問題が世間を騒がせました。私たちって、こんなに重要な問題が起きたことですら忘れてしまいます。

マイナンバーは、これからさまざまなことに使われていくのでしょう。どうかこの制度のことはお忘れにならず、今後のなりゆきをしっかりと見守ってください。

て、電話・ＤＭ・メールによる本人への不正なアクセスが行われる、なりすましによる不正な行政手続きが行われるなどの被害が発生する可能性がある。

＊5　２００７年、年金手帳などに記載されている基礎年金番号に統合されていない記録（持ち主不明の年金記録）約５０９５万件の存在が明らかになった。１９９７年に基礎年金番号が導入されるまでは、ひとりが複数の年金番号を持つことがしばしばあった。それらは統合されるはずだったが、なんらかの不備により、約５０９５万件もの番号が、統合されないまま残ってしまった。この事件が、自民党から民主党への政権交代を推進したといわれている。

就職氷河期が中堅社員の層を薄くし、次世代への技術の継承を困難にする!?

バブル崩壊後に、就職氷河期[*1]がきたことを覚えていますか。

このころに「新卒」だった人たちは現在、30代後半から40代後半になっています。

こんな流行語もありましたね。

「ネットカフェ難民」[*2]（２００７年）

「派遣切り」[*3]（２００９年）

「無縁社会」[*4]（２０１０年）

「ブラック企業」[*5]（２０１３年）

中高年の引きこもりが目立つようになったのは、このような背景があったからかもしれません。

就職氷河期といわれる時代、日本経済はどん底の状態でした。こ

*1 バブル経済崩壊後の１９９０年代半ばから、景気の冷え込みによる就職難がつづき、社会問題化した時期。内閣官房の就職氷河期世代支援推進室によると、１９９３〜２００４年に大学卒業後、不安定な働き方をしている人々が約１００万人いるという。

*2 おもに経済的な理由から家やアパートなどに住むことができず、24時間営業のインターネットカフェで寝泊まりする人たちを指す。年齢別では20代が最も多いが、職を失った中高年世代もいる。

*3 経営悪化などを理由に、企業が派遣契約を一方的に打ち切ること。２００８年秋に発生した世界

の時期に社会人になった人たちは、空前の就職難を味わい、「就職氷河期世代」と呼ばれるようになったのです。

就職氷河期世代のなかには、新卒時に正社員として採用されなかったため、フリーターや派遣スタッフになった人が多くいるといわれています。その後もキャリアを積むことができず、不安定な働き方をしておられる人が多いのです。

これでは、日本の発展は望めません。

30代後半から40代後半といえば、中堅社員の年齢です。その層の人材が薄いということは、企業にしてみれば、次世代への技術の継承がうまくいかないことに直結すると思うのです。

中高年の引きこもりは、2019年度の推計では61万人。就職氷河期がいかに大きな悪影響を与えたかがわかります。

こうした引きこもりの人たちの親世代も高齢化しています。年金暮らしをする70代の親と、40代の引きこもりの子供の生活は、これから大きな課題になると思います。

金融危機を境に派遣切りが増加し、社会問題となった。

*4 家庭、職場、地域などで孤立して生きる人が増加している社会のこと。NHKテレビが2010年に放送した「シリーズ〝無縁社会〟」に由来する造語。

*5 労働条件や環境が劣悪で、就業者に不当な負担を強いる企業や法人を指す。長時間労働、過剰なノルマ、パワハラ、セクハラ、法に抵触する営業行為の強要などが常態化しているケースが多い。

人口減少と人口爆発が同時進行するなか、単身世帯が世界的に増加している

日本の未来を知るには、国内ばかりを見るのではなく、世界にも目を向けなくてはいけません。

地球上では、人口減少と人口爆発が同時に進行しています。[*1] 日本では、少子高齢化による人口減少が進み、国家の存亡にかかわる重要な問題として認識されています。同じように少子化が進む先進国や一部の新興国も、頭を抱えています。お隣の韓国でも、少子化が進んでいるように思います。

その一方で、アフリカなどの発展途上国では人口が急増しています。2055年には、世界の総人口が100億人を突破すると予測されているのですから、深刻な問題が山積みです。限られた食糧資源をめぐって戦争をする時代がくる。こんな思いがしています。

*1 アメリカ、ワシントン大学医学校の保険指標評価研究所が、2020年7月に医学誌「ランセット」に発表した記事によれば、世界の人口は、2064年の97億人をピークとして減少に転じ、21世紀末までには約88億人に縮小する見込み。出生率は、2100年までに、183か国で2・1人を下回り、人口の維持ができなくなるという。とくに日本やタイ、イタリア、スペインをはじめとする23か国の人口は50パーセント以上減ると予測されている。一方、アフリカのサハラ砂漠以南の国の人口は、2017年の推定10億3000万人から、2100年には30億7000万人に増える可能性があ

これから先も、先進国では人口減少が、発展途上国では人口爆発が進んでいくことでしょう。

日本で出生率が低下していることは、すでに48ページでお伝えしましたが、アメリカも同様です。国を維持するには移民に頼らざるを得なくなり、そうした流れのなかで人種間・民族間の問題が深刻になるとも思えます。

ドイツ[*2]を見ると、中東やアフリカから受け入れた難民が子供を産みはじめたため、出生率が急上昇しています。次世代が誕生するのは喜ばしいことですが、先住の人々と流入した人々との間で、新たな問題が起きそうな気もします。

単身世帯（ひとり暮らしの世帯）が各国で増加していることも気がかりです。単身世帯が増えるということは、結婚をしない人が増えることであり、先々では、高齢者の単身世帯が増えることを意味するからです。

日本の場合、単身世帯[*3]の割合は、今でも世界でトップクラスです

り、21世紀末までには、アフリカの人口が世界の半分近くを占めるようになるという。

*2 ドイツ連邦統計局によれば2016年の出生率は1・59で、1973年以来の高い数字となった。背景にあるのは移民の増加だが、政府の家族政策や好調なドイツ経済も後押しとなった。

*3 単身世帯が多いのはヨーロッパで、割合の高い国から順に、デンマーク44・8パーセント、ドイツ40・7パーセント、ノルウェー38・4パーセント、オランダ37・6パーセント、オーストリア37・0パーセント。ヨーロッパ以外では日本が34・5パーセント、韓国が27・2パーセント。

が、このままでいくと、20年後には単身世帯が39・3パーセントになるといわれています。

世界で最も単身世帯の割合が多いのは、デンマークの約45パーセントです。アメリカ[*4]やフランス[*5]でも増えています。

どうやら、未婚化現象が起きているのは、日本だけではないようです。お隣の韓国も、30代の未婚率が36・3パーセントだそうです。そして中国では、単身で暮らすことを望んでいなくても、女性より男性の数のほうが多すぎて、結婚したくとも相手がいなかったりするそうです。

もしかすると、地球の意志が働いているのでしょうか。人間に無理のかからない方法で、地球自体が人口減少を試みているのかもしれません。

そんななかで、アフガニスタン[*6]は単身世帯が「ゼロ」だというのですから驚きです。その理由を調べたら、何かを学べるような気がします。

＊4・5 アメリカの単身世帯は全体の28・0パーセント、フランスは35・5パーセント。

＊6 現在のアフガニスタンの単身世帯がゼロかどうかは未詳。国連の「人口統計年鑑」によれば、少なくとも1979年の時点では、5万5000世帯が単身世帯だったようだ。

統合型リゾート推進法案と改正水道法は、日本人の生活に何をもたらすのか？

統合型リゾート推進法案[*1]が強行採決されたり、改正水道法[*2]（水道民営化）が成立したりしていますが、関心がある方は少ないのではと思ったりします。

水道は、原則として市町村が運営する公共事業です。多くは高度経済成長期に整備されたために、水道管などの設備の老朽化が進んでいます。大地震が起きたら、水道管は耐えられるのでしょうか。人口減少の影響を受けて、水道料金の収入も減っていることでしょう。水道水を飲む人の数も減少したのでは、とも思います。

水道は、私たちにとって大事なライフライン。水道が民営化されると、料金の高騰や水質悪化につながるのではと心配になります。

カジノ解禁も、外国人の観光客を呼び込む助けになるかもしれま

*1　ＩＲ整備法、カジノ法案などともいわれる。２０１８年７月に成立。日本の刑法では、賭博は処罰の対象になるが、この法案によって、国が認定した区域にかぎり、一定の要件を満たせばカジノが設置できる。東京・大阪・沖縄にカジノをつくった場合、市場規模は１兆５０００億円と試算されている（アメリカのシティ・グループによる）。

*2　２０１８年12月に成立。これにより、水道事業の運営権が民間事業者へ売却されやすくなった。しかし、海外では水道民営化の失敗例が非常に多く、たとえばパリでは、１９８５年に民営化した後、水道料金が約２・７倍に高騰。水質も下がったため、２００

せんが、ギャンブル依存症[*3]を増加させる一因になるような気がします。それに、今でも日本は、競馬、競輪、競艇に、スロット、パチンコと、ギャンブルが花盛りです。

「日本の経済成長にはとても有益」と、自民党は積極的です。地域の雇用が創出され、地方自治体の収入が増えて、地域振興につながればよいのですが……。２０２０年代のなかばまでに、カジノつきの統合型リゾートを最大で3か所オープンさせることを目指すといわれていましたが、この話題はとんと聞こえてきません。

国際会議場、ホテル、商業施設、レストラン、劇場、アミューズメントパーク、スポーツ施設、温泉施設などを併設した複合レジャー施設を統合型リゾートというそうですが、カジノ税が30パーセントで、入場料は1回６０００円。ただし訪日観光客は無料。日本人が行けるのは週3回、月10回までなのですって。

マイナンバーカードで本人確認もするとのこと。日本人が行くことは、あまりないかもしれませんね。

9年にふたたび公営化した。アメリカのアトランタ州やドイツのベルリンも、民営化したのち、ふたたび公営に転じている。

*3 ギャンブル依存症の増加以外に、多重債務者の増加、マネーロンダリングの温床となる可能性、青少年への悪影響、地域の治安悪化などが懸念されている。

喜びは身近にたくさん転がっていて、見つけた分だけ嬉しさが味わえます

花が美しく咲いただけ、枯れた花の山ができます。枯れた花は、短い命のなかで、自分が美しく咲いたことを誇りに思っていることでしょう。

私たちも花のように、自分の人生に誇りを持って生きたいものです。

ふり返れば、未練が残ることもあるし、あの日に戻りたいと思うこともあります。

もしも、「記憶から消したい」と思っていることがあるのになかなか消えないとしたら、「そこから学びなさい」と、神様が教えてくれているのです。

もちろん私も、嫉妬を体験したこともあれば、寂しさを味わったこともあります。年齢を重ねたせいか、後悔することは少なくなりましたが、ときめきの数も減りました。

でも、喜びは身近なところにいっぱい転がっていて、見つけた分だけ嬉しくなります。

「嬉」という字を見ると、「女」と「喜」が並んでいます。なぜ「男」ではなく「女」なのでしょうか。最初に女性が喜ぶと、つられて男性も嬉しくなり、平和なムードが漂うから、この字が生まれたのかもしれません。

ほら、こんなことを考えてみるだけでも楽しさが味わえます。これも「喜び」です。

だれもが同じ感情を持っています。だれもが幸せを口にします。

でも、本当は、平穏な日々を過ごすことが、いちばんの幸せではないかと思うのです。このことを忘れると、余計な刺激がほしくなるかもしれません。

私たちを生かしてくれる空気は、だれのまわりにも平等に存在しています。

感じませんか？　空気は、あなた様を包み込み、愛してくれているのですよ。空を見あげれば、愛情をたっぷり注いでくれるお日様の姿があります。

「どんなことが不満なんですか？」

そうお尋ねしても、はっきりした答えを返せない人の多いこと。

ご自分の心を持て余し、不幸な顔をすると損をします。だれもが幸せそうに見えるときは、あなた様も幸せに見えているのです。このことを覚えておいてください。

ひとつの悔いもない人生を送る人って、いるのでしょうか。「いない」と、答えが返ってきます。

鏡に向かって笑顔をつくり、「可愛いね！」「カッコいいね！」と、ご自分にいってみてください。幸せがあふれてきます。

他人様をイライラのはけ口にしないでくださいね。いつかわが身に返ってきます。

幸せは、ご自分で育てて輝かせるもの。これにつきると思います。

第3章

変わりゆく自然環境

ここ50年で急速に進んだ
地球温暖化の原因は、
人間の活動による
温室効果ガスの増加だ。
それは今や地球の各地で
異変を起こすまでになった。
もはや、歯止めをかけることは
不可能なのか？

世界各地で異常気象が多発する今だからこそ、ひとりひとりの小さな取り組みが大切

「異常気象」というのは、人の一生の間で、そんなに出合うことのない気象現象をいうのだそうです。

でも、ここ数年は、テレビから毎日のように異常気象という言葉が聞こえ、異常気象が普通のことになってしまいました。

2018年7月23日、埼玉県熊谷市で、観測史上最高気温のセ氏41・1度が記録されました。

「上層の高気圧、下層の高気圧[*1]には十分注意しなさい」

不思議な世界の「風呂敷おじちゃま」が、そう話されます。

「温室効果ガス[*2]はこれからも年々増加し、地球温暖化が進む」

そんな心配もされています。

2019年も、世界各地で異常気象が多発しました。大自然が人

*1 気象庁の分析によれば、日本における夏の酷暑の要因は、太平洋高気圧とチベット高気圧というふたつの高気圧が重なりあい、下層から上層までが温かい空気に覆われていることだという。偏西風が蛇行しているため、太平洋高気圧の上層にチベット高気圧が張りだし、2階建てのような構造になっているそうだ。

*2 地球温暖化をもたらす気体の総称。二酸化炭素のほか、メタン、フロン、亜酸化窒素など。赤外線を吸収し、再放射する性質を

間に牙をむいたかのようです。この年、ブラジルでは8月に入ると森林火災が急増し、1月から8月までの間に、ブラジル国内だけで、九州より広い面積が焼失してしまいました。

ただ、この火災だけは、自然が牙を剝《む》いたのではなく、悲しいことに失火や放火などの人災が原因だったといわれます。アマゾンを焼きつくす勢いで燃え広がった炎。アマゾンは地球の肺といわれていますから、環境への影響は甚大です。

ヨーロッパを襲った熱波[*3]もすごかった。スペインの森林火災は、暑すぎるために森が炎上したことが原因です。

オーストラリアの森林火災は、ニュースを見るだけで胸が痛くなりました。

新型コロナウイルスが世界を騒がせていますが、だからといって自然災害が休憩してくれるわけではありません。台風が記録的な水害を発生させるように思います。雹は巨大化し、雷様も、空から大声を発して人間を威嚇することでしょう。

持つ。これらの気体は、地表から放出された赤外線を熱として大気中に蓄積し、その一部をふたたび地表へ放射する。地表は太陽光に加えてこの放射熱を浴びるため、温度が上昇する。

*3 2019年6月28日、フランスで観測史上初となるセ氏45・9度が記録された。

私たちは、日ごろ何に気をつければよいのでしょうか。「他人事」などと思ってはいられない時期を迎えた気がします。

私自身は、自宅のベランダに花々を植え、天の恵みに感謝しながら水を与えていますが、それで自然界へのお返しができているかどうかはわかりません。

でも、多くの人がささやかな畑での家庭菜園や、ベランダでの鉢植え菜園をされるだけでも、わが国は緑化が進みます。

ひとりひとりができることは小さくても、日本中の家々が緑化に努めると、私たちの日本は、他国では見られないほど自然の豊かな国になることでしょう。

わが家にやってきたシクラメンやランは、とても長生きして、毎年、花をつけてくれます。

植物は、お世話をする私たちの目を楽しませ、心を癒してくれる大切な友人というだけでなく、多くの生き物が暮らす地球を守ってくれる存在でもあるのです。

私たちが暮らす美しい星・地球は、巧妙な仕組みによって人間を守っている

宇宙から見た地球は、ひとつの星でしかないのでしょうね。

地球の気候変動を調べるために打ちあげられたNASAの地球観測衛星「Terra《テラ》[*1]」は、現在も地球上のありとあらゆる場所を監視しているのでしょうか。「MODIS《モディス》[*2]」がとらえたさまざまな自然現象を見ると、地球が変動していることがよくわかります。

宇宙空間で、いくつもの地球観測衛星が地球の「今」をとらえ、それを地上でキャッチしているのですから、すごい世の中です。

層積雲[*3]が風の向きに沿って列を成す姿を見ると、「自然って、すごい絵を描くものだ」と感心しますし、アフリカ大陸中央部の植生の様子は緑が鮮やかで、「これはキレイだ」と目を奪われます。ターコイズブルーに海が染まる光景を見ると、海をいつまでも美しいまま

*1 アメリカ航空宇宙局（NASA）が運用する地球観測衛星。地球の環境システム（大気・雲・氷雪・水・植生）の解明を目的として、1999年12月18日に打ち上げられた。

*2 Terraに搭載された、可視領域から赤外線領域までを測定する放射計。エアロゾルの光学的特性、雲の分布、海面の水温、海の色などを観測する。

*3 500〜2000メートルの高さに現れる団塊状または畝状の雲。畝雲、叢雲《むらくも》とも呼ばれる。

に保ちたいと思ったりもします。私たち人間が暮らす地球は、宇宙空間から見ると、じつに美しい星なのです。

「砂嵐[*4]がアフリカ大陸から紅海を横切る」ですって。

猛烈な勢いの砂嵐。現実味を帯びた映像が今見えました。こうして原稿を書いていると、ときおり目の前に、今のように映像が現れることがあります。砂嵐は、中心にいくほど砂の密度が高くなるのでしょうか。こんな砂嵐がやってきたら、人々は大変だろうなあ、と思ってしまいました。

生命が存在するのは地球だけだと、今は考えられています。神のなせる業《わざ》なのか、地球は巧妙な仕組みを張りめぐらして、外界から私たち生物を守っています。でも、愚かな私たち人間は、いつの日か磁気圏や大気圏まで病気にするかもしれません。

磁気圏で発生するオーロラは、太陽活動と地球磁場のかかわりを教えてくれる自然現象ですが、いつまで見られるのだろうかと心配になります。

*4 粒子の細かい砂塵は、高く舞いあがって上空の気流に乗り、長距離を移動する。アフリカ大陸の乾燥地で発生した砂嵐が紅海を横断する様子は、ＮＡＳＡや欧州宇宙機関の地球観測衛星によってしばしば撮影されている。左の画像はＮＡＳＡによるもの。

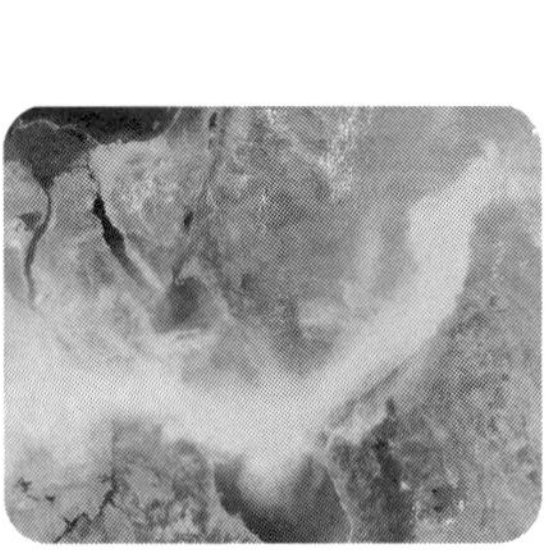

異常気象が発生し、砂漠化が進む！大雨による被害にも注意を

エルニーニョ現象とは、南米沖の太平洋の海面水温が上昇し、それがつづくことです。反対に、海面水温が低下すると、ラニーニャ現象といわれます。このふたつの現象は、日照時間、気温、湿度、気圧、降水量、雲、風、海流など、気候を決める要因に影響を与え、世界中に異常気象をもたらしてきました。

私たち人間が自然資源の活用方法を誤ったために生態系のバランスが崩れ、異常気象が発生し、砂漠化が進んでいます。

サハラ砂漠南端のサヘル地域[*1]は、砂漠化によって不毛の地と化していますし、アフリカのマリでは、砂埃が舞いあがる環境下で人々が暮らしているのです。

アメリカ大陸の西海岸沖に、３年から7年間隔でカナダと同じく

*1 マリ、ブルキナファソ、チャド、ニジェール、ナイジェリア、スーダンなど、サハラ砂漠南縁部に帯状に広がる地域。気候変動や海水温度の変化といった自然的要因に加え、森林の開墾、農作物の連作、家畜の過剰放牧などの人為的要因により、砂漠化が進んでいる。

らいの広さに匹敵する温かい海域が出現すると、その後は決まって大雨が降るのです。

　この海域の水温が上昇するのは、ちょうどクリスマスのころ。そのため漁師さんたちは、この現象をスペイン語で「幼子キリスト」を意味する「エルニーニョ」と呼んだのです。

　ペルー[*2]は大丈夫かなあ、と理由なく思ってしまいました。これからも嵐が人々を苦しめるようで、心配になります。

　蚊[*3]が繁殖してマラリアが蔓延する。

　こんなことも書きたくなるので、心が折れました。

　新型コロナウイルスで世界中の人々が疲れているのに、次は災害がくるのでしょうか。ケニアも洪水に見まわれるかもしれません。

　また大雨が降りそうです。今、首まで泥水に浸かる映像が見えました。ただ、どの国なのかはわかりません。浅い川を渡ろうとした人たちが、突然押し寄せる濁流に飲み込まれる映像が見えたのです。あなた様も、どうぞお気をつけくださいますように。

＊2　ペルーでは、2018年暮れから2019年春にかけて、断続的につづく豪雨により、各地で河川の氾濫・洪水・土砂崩れ・地滑りなどの被害が発生。甚大な被害が出ている地域では、非常事態宣言が発出された。

＊3　45ページ参照。

2100年には北海道の気温がセ氏40度超に!?
・クリーンエネルギーの普及に期待がかかる

この100年ほど、日本近海[*1]では、平均海面水温の上昇が見られる海域が広がっているそうです。どれくらいかといいますと、0・7～1・7度以上も上昇しているのです。日本近海は、海面水温の上昇率が世界でトップクラスです。

地球温暖化の答えは、海辺にあるのです。

21世紀末には、日本の平均気温が今より2～2・5度アップするといわれています。猛暑日[*2]ともなれば、今でもたまらなく暑いのに、今以上の気温になったら、どう対処すればよいのでしょう。

北極には陸がありません。そのため海氷が消滅すると、北極海しか残らないのです。北極の海氷が溶けて海水になったら、世界にどのような影響が及ぶのでしょう。海路は便利になるかもしれません

*1 気象庁によれば、日本近海における平均海面水温（年平均）の上昇率は、過去100年で1・14度。この数字は、世界全体で平均した海面水温の上昇率0・55度の約2倍に相当する。

*2 環境省が公開した動画「2100年 未来の天気予報」によれば、このまま何も手を打たず、産業革命以前からの気温上昇を1・5度に抑える目標を達成できなかった場合、真夏日の日数が東京で年間104日、大阪で136日、那覇で184日となり、北海道でもセ氏40度以上の暑さに見まわれるという。

し、今とは異なる魚の幸が、国の財政を潤すかもしれません。海底油田が見つかって、大騒ぎになることもあるでしょう。ただ、悲しいことにホッキョクグマ[*3]は絶滅するとしか思えないのです。

北アメリカにも熱波が襲来して、セ氏40度まで気温が上昇。こんな事態になると思ったりもします。

これまでは、木々のおかげで上空に水分を届けることができていましたが、森林が伐採されたために、この働きがかなり減っています。アマゾン[*4]がサバンナに変貌する日が近づいています。

水の都といわれるイタリアのベネツィアも、海面上昇の影響を受けることでしょう。中国の沿海部では、さほど遠くない将来に、海面が30センチほど上昇しそうです。アフリカでは、集中豪雨が激しくなる一方で、砂漠が広がりつづけます。

これからの世界で起き得ることを「わがこと」として考えるのは難しいかもしれません。でも、私たち人間は、この地球という惑星に暮らす「地球家族」なのです。

*3 学術誌「ネイチャー・クライメイト・チェンジ」に発表された最新の研究によれば、温室効果ガスが大量に排出されつづけた場合、2100年までに、ホッキョクグマの個体群はわずか数個となる可能性が高いという。

*4 2019年8月、アマゾンで大規模な火災が頻発し、世界中で報道されたが、2020年は、9月の時点で、発生件数が前年を14パーセント上回った。アマゾンの火災は、森林の伐採後、焼き畑のために火を放つことが原因だ。森林が失われると、その地域は乾燥するため、このまま森林伐採が進めば、アマゾンがサバンナのようになりかねないともいわれている。

「海が、燃料電池[*5]の材料になる日がきます」

不思議な世界の方の言葉を聞いて、少し元気が出てきました。

海は、地球全表面の70・8パーセントを占めます。深さは、平均で約3800メートルもあるのです。

海水は、成分がほぼ一定している優れものです。海水中にはナトリウム、マグネシウム、カルシウム、カリウム、塩素、硫酸分、炭酸分があります。これらの成分が、海面の近くから海底にいたる広い範囲で、多種多様な生物を育んでいるのです。また、多種多様な生物の死骸が、海を活性化させてもいます。

海水の流れ、波、潮の干満などによって生みだされるエネルギーが、いずれは資源として開発されるでしょう。

自然界には存在しない水素ガスは、海水から取りだすことが可能です。今、この開発がかなり進んでいるようなので、私は期待しています。地球温暖化を進める二酸化炭素がまったく排出されない、クリーンなエネルギーですもの。

*5 水素と酸素の化学反応によって電気エネルギーを取りだす装置。排ガスをいっさい出さないクリーンエネルギーとして注目されている。環境省は2003年度から、燃料電池の普及に向け、海上に建設する風力発電所で海水を電気分解し、燃料となる水素を取りだすシステムの開発に取り組んでいる。すでに携帯電話、ノートパソコン、自動車、船舶などで実用化が進められている。

大気汚染が何百万人もの命を奪っている！日本の二酸化炭素排出量は世界で5番目

大気汚染[*1]によって死者が出る。

そういわれても、今ひとつピンとこない人が多いことでしょう。でも、実際には何百万人もの人が、大気汚染で亡くなっているのです。インド[*2]は、これからも増えるように思います。中国の北部では、大気汚染によって平均寿命が短くなったそうです。

砂嵐にも汚染物質が入っていると、不思議な世界の方に教えられました。「月の砂漠」という素敵な歌がありますが、その砂漠にも汚染物質が混入しているのでしょうか。悲しいことです。

これからの地球は、乾燥地帯に要注意です。

日本も他人事ではありません。中国で生まれた汚染物質が、偏西風に乗ってまだまだやってきます。

＊1　2019年にドイツの研究チームが発表したところによれば、大気汚染による死者は、従来の推計を大きく上回り、世界で年間880万人にのぼるという。また、アメリカの健康影響研究所の調査によれば、世界人口の95パーセント以上が、大気が汚染された環境下で暮らしているそうだ。

＊2　フランス通信によれば、2019年の時点で、インドは中国を抜いて、世界で最も大気汚染による死者数が多い国となった。

＊3　「2020年版 エネルギー・経済統計要覧」によれば、世界の

二酸化炭素の排出量が世界一の中国ですが、日本だって世界で5番目ですから、他国を批判している場合ではありません。近未来、排出量に税金がかかることでしょう。[3]

太平洋は広い。

でも、この広い太平洋も、二酸化炭素が原因で、生態系が変わりはじめているのです。海洋生物のなかには、絶滅を危惧されるものも出はじめています。

海洋生物が巨大化したらどうなるのでしょう。彼らも、生き残りをかけて進化する時代が到来しています。

巨大化するだけでなく、フグのように毒を持つことが知られている魚以外に、「ウソでしょう」といいたくなるような魚から毒が発見された、という日がきそうです。

パリ協定[4]を離脱したアメリカですが、次期大統領はふたたび加盟するように思います。パリ協定のトップの座を中国に渡したくないからです。

二酸化炭素排出量に占める主要国の割合を比較すると、最も多いのは中国で28・2パーセント、次いでアメリカが14・5パーセント、インドが6・6パーセント、ロシアが4・7パーセント、日本が3・4パーセント。ただし、ひとり当たりの排出量に換算すると、世界で最も多いのはアメリカで14・6トン。次いで韓国が11・7トン、ロシアが10・6トン、日本が8・9トン、ドイツが8・7トン。

*4 地球温暖化対策の国際的枠組みを定めた協定。アメリカは2019年11月に離脱を通告したが、離脱には1年を要するため、正式な離脱は大統領選の翌日、2020年11月4日となる。

北京はやがてゴビ砂漠に飲み込まれる!? 世界第4位の面積を誇ったアラル海は消滅の危機

黄砂がこんなにたくさん日本に飛来するの？　といいたくなるくらい、車の車体が黄砂で染まる日がやってくるでしょう。

中国のタクラマカン砂漠やゴビ砂漠で、黄砂が生まれます。ゴビ砂漠は、集落や農耕地を飲み込みながら広がりを見せています。

ある日、「砂嵐が中国の首都を襲った」というニュースが流れることでしょう。地図に触れていると、ゴビ砂漠が徐々に北京に接近しているのを感じました。

中国の南部あたりで発生するＰＭ２・５は、偏西風の吹く春と秋がいちばん気になります。日本では、ＰＭ２・５の消滅に向けて努力したおかげで減少したとはいえ、まだ完全ではありませんし、油断もできません。

*1　「中国荒漠化和沙化状况広報」によれば、2014年の時点で、中国の国土の約27パーセントが砂漠と化していた。一方で、1999年以降、中国政府が積極的な砂漠化対策を講じたため、2014年までに、6・24平方キロメートルの減少が確認されている。また、2019年にBBCが報じたところによると、2000年代初期に比べて、地球上の葉面積（草木の葉の占める面積）が約5パーセント増加していることが、MODIS（83ページ）のデータから判明したという。そのうち48パーセントは、中国の森林保護と拡大のプ

砂漠化[1]が深刻です。砂漠が広がると、その周辺の地下水が減少します。やがて水戦争が起きる日がくるのです。

中国の内モンゴル自治区[2]でも、砂漠化が加速しています。それにつれて食料生産の基盤が低下し、人々が都市へと集中するため、ますます貧富の差が拡大していきます。中国は、あと100年も経たないうちに、砂漠化が国の最大の課題になると思います。

世界第4位の湖沼面積を誇ったアラル海[3]は、ほぼ消滅してしまいました。この60年ほどで、消滅に追い込まれたのです。大きくなりすぎた人間の欲は、湖を消すことすらできるのです。

もう砂漠化を止める方法はありません。これからは、何年も雨が降らない地域や、反対に降りすぎる地域が増えていくでしょう。干ばつと豪雨です。モンスーン気候の地域も、水害または干ばつで悩まされるでしょう。

熱中症で亡くなる人が、世界のあちこちで増えそうです。日本も気をつけなくてはいけません。

ログラムによるものだと考えられている。

***2** 2016年の時点で、内モンゴル自治区の80パーセントが砂漠化したとの報告がある。

***3** カザフスタンとウズベキスタンにまたがる塩湖。1960年代から、アラル湖に流入するシルダリア川とアムダリア川の沿岸で灌漑事業が進んだため、湖に注がれる水量が5分の1以下になったことが縮小の原因で、2014年には「ほぼ消滅」というニュースが世界を驚かせた。ただ、アラル海北部、カザフスタン領内の「小アラル海」では、世界銀行の支援などにより堤防が築かれ、水位が回復している。

ひとりひとりが温暖化に立ち向かえば、猛暑・酷暑の日が少しは減るかもしれない

北極海の海氷が、20世紀後半から減少しつづけています。海氷が少なくなると、困ったことが起きるのです。海氷は、太陽光を跳ね返すことで地球温暖化を防いでくれます。ところが、海氷が少なくなると太陽光の反射率が下がり、そのほかは海水に吸収されてしまいます。すると、海水面から熱や水蒸気が放出されて、北極域ではさらに温暖化が進みます。

「日本列島3個分の海氷が姿を消した」

過去1~2年のうちにそんなことが起こったと、不思議な世界の方が話されています。

ホッキョクグマが地球から姿を消す日、私たちは自然界の脅威をどれだけ多く目にするのでしょう。

*1 気象庁の発表によれば、北極域の海氷域面積は、1979年以降、長期的に減少している。とくに、年最小値において減少が顕著で、1年あたりの減少量は北海道の面積に匹敵するという。また、株式ウェザーニューズによれば、近年は地球温暖化の影響で海氷の融解が急激に進んでおり、海氷域面積を20年前の同時期と比べると、最大で約300万平方キロメートル減少しているという。これは、日本の国土の約8倍の面積に相当する。

「じゃあ、私は何をすればいいの？」

自分に問いかけても、「これだ！」という答えは出てきません。

でも、省エネ家電に買い替えることはできます。

レジ袋ではなく、エコバッグを利用するようにします。

生活のなかで、電気や資源を無駄に使わないようにします。

ベランダには花々と小さな木を植えています。

ゴミをできるだけ減らすように心がけています。

水を使うのも節約します。そうすれば、送水に利用されるエネルギーを減らせるからです。

毎年、猛暑に悩まされる私たち。でも、ひとりひとりが温暖化に立ち向かう気持ちを持つだけで、猛暑・酷暑の日が少しは減るかもしれません。

温暖化の原因が、私たち人間の生活にあるとしたら、地球に対して申しわけないことです。地球家族の一員として、生活の見直しを心がけなくてはいけません。

地球の自転軸の傾きに変化の兆しあり？「月の位置がずれる」という声も聞こえた

「地球には、氷室効果[*1]と温室効果というふたつの仕組みがある」不思議な世界の方が、そう話されています。

氷室効果が強くなると氷河時代になり、大気中に二酸化炭素が増えると氷河のない時代がやってきます。

ご存じですか？　地球の営みを。大陸の地殻が分裂して、移動、衝突、併合が行われるのです。そのような時期に入ると、地球のいたるところで火山活動が強化され、大地もよく揺れます。

火山が噴火すると、噴火ガスによって大気中の二酸化炭素が増して温室効果が強まり、水温を上昇させ、氷のない世界をつくりだします。すると、降水量が増加します。これによって、増えすぎた二酸化炭素が雨に吸収されるのです。

*1　「氷室効果」という言葉があるかどうかは不明だが、温室効果の反対という意味であれば、大気中の温室効果ガス（80ページ）濃度の低下や日射量の減少などにより、地表が吸収する熱量より、地表から逃げていく熱量のほうが多くなる状態を指すと思われる。この状態がつづけば、気温は下がっていく。

*2　2017年、科学雑誌「ネイチャー・ジオサイエンス」に発表された研究によれば、氷河期を通して、気温と二酸化炭素濃度は一

このように不思議な世界の方に教わりますと、ゲリラ豪雨の意味がよくわかりますし、地球が火山を大噴火させて大雨を降らし、大気中の二酸化炭素を減少させているのがわかります。

「気候変動は、二酸化炭素の濃度と連動して起きている」[*2]

不思議な世界の方が教えてくださいました。

人間の生活が地球を刺激しているのは明らかです。

カナダのロッキー山脈。そこにあるU字谷は、大昔、氷河が成長し、後退した場所です。流動する氷河の威力はものすごくて、谷底や両側の崖を削り落とすのですから、まさに神業です。

とても気になることを不思議な世界の方が話しておられます。

「自転軸の示す方向に変化の兆しが見える」[*3]

その理由として、日射量の変動や、他の惑星の動きの変化があるそうです。さらに、まさかと思いたくなるのですが、「月の位置がずれる」[*4]とも話された気がしたのです。

地球は生命体です。私たちは住まわせてもらっているのです。


緒に上下し、気温が最も低い時期には、大気中の二酸化炭素濃度も最低値を示していたという。

＊3 過去260万年の間、地球では氷期と間氷期が一定の周期で繰り返されてきた。この周期を発生させるのは、セルビアの物理学者M・ミランコビッチが提唱したように、北半球高緯度の夏季の日射量の変化であることがわかっている。また、日射量が変化する要因のひとつに、地球の自転軸の傾きの変化が挙げられている。

＊4 月は現在、1年に約3・8センチの速さで地球から遠ざかっているが、その速度は一定ではなく、誕生以来、0・13〜27・8センチの間で変動している。

地震、噴火、ハリケーンなどの自然災害がアメリカを立てつづけに襲う⁉

アメリカという国が、自然災害のターゲットになる日がきそうに思います。

北米大陸の太平洋岸、カリフォルニア州を南北に走るサンアンドレアス大断層[*1]が、活動する気配を見せています。26年前に起きたノースリッジ地震[*2]より大きな地震が発生する。そんなふうに思う日が、最近は増えてきました。

まったくの偶然だろうとは思いますが、阪神・淡路大震災が起きたのが1995年1月17日午前5時46分で、ノースリッジ地震が起きたのが1994年1月17日午前4時31分です。アメリカが揺れた1年後に、日本は自然界の脅威を体験することになりました。ロサンゼルスの大地が激しく揺れると、日本も影響を受けるのかもしれ

*1 北アメリカの西岸を南北に走る、長さ1000キロ以上の大断層。断層上や周辺で地震が多発している。

*2 1994年1月17日にロサンゼルス市ノースリッジ地方で発生した地震。マグニチュードは6・7だったが、震源が深さ14・6キロと浅く、61人の死者を出したほか、電気、ガス、水道、道路などのライフラインが途絶した。

ません。

今後、サンアンドレアス大断層のどこかで、巨大な岩石が押しあげられたり、断層が20センチ以上ずれたりしたら、大地震につながりそうな気がします。セント・ヘレンズ山[*3]の大噴火に匹敵するパワーが、大地震によって解放されると思えるのです。

セント・ヘレンズ山といえば、北米のカスケード山脈[*4]からも目が離せません。この山脈は地震と火山の巣窟で、危険な火山がたくさんあるのです。

カスケーディア地方の山々は、ここ数十万年で誕生したものばかりだと、不思議な世界の方がいわれます。この一帯の火山は、古い火山の上にできた新しい火山だそうです。

その古い火山は、さらに古い火山の上に生まれたのですから、この次はまた新しい火山が、今の火山の上にできるということになると思うのです。

近年の噴火史を調べてくださいませんか？　セント・ヘレンズ山

*3　北米の西岸を走るカスケード山脈にある火山。1980年5月18日に大噴火を起こし、山頂部分のほとんどが消失した。

*4　カスケード山脈は、環太平洋火山帯の一部。火山活動は50万年前にはじまり、過去4000年の間は、100年に2回の割合で噴火が発生しているという。

以外にも噴火した山[*5]があると思います。

火山が目を覚ますとき、轟音とともに爆発して、大参事を引き起こすことも多々あります。一度だけの噴火で大災害が起きるのではないかもしれませんが、マグマと水蒸気が岩の中を上昇して、地震を引き起こしながら火山灰をまき散らします。

火山灰が高度10キロに達すると、いったいどうなるのでしょう。

噴火口から高温ガスと岩屑、そして火山灰が噴きあがり、火砕流となって、人間を恐怖の世界へと連れていきます。その後、火山弾や高温の岩石が落下してきます。

溶岩が斜面を覆い、その熱で溶けた氷などが岩石と混ざりあって火山泥流となり、民家を襲います。

どこの山なのかわかりませんが、それほど遠くない時期に、世界中を震撼させる大噴火が起きるのを感じます。

火山ばかりでなく、台風にも注意が必要です。

日本にやってくる台風の最大風速は、激しいもので60メートルを

＊5　カスケード山脈には60の火山が点在する。セント・ヘレンズ山以外で噴火した火山は次のとおり。カッコ内に、最新の噴火年代を示した。レーニア山（1800年代）、フッド山（1866年）、グレイシャー・ピーク（200〜400年前）、ベーカー山（6700年前）、シャスタ山（1786年）、ラッセン山（1914〜1921年）。

超える程度だそうですが、アメリカで起きたハリケーンのなかには、風速[*6]90メートルに達していたと推測されるものがあります。

　近い将来、ハリケーン・アンドリュー[*7]を超えるハリケーンが、アメリカを襲うことでしょう。アンドリューは、8万戸以上の家屋を破壊し、植木や信号機を根こそぎ倒し、未曽有の被害をもたらしました。それよりさらに強烈なハリケーンが襲来すると思います。

　最も激しい自然現象のひとつとされる竜巻はどうでしょうか。

　日本が地震大国なら、アメリカは竜巻大国といえるかもしれません。アメリカで発生する竜巻は、トルネードと呼ばれます。北米では、風速30メートルを超える竜巻が、なんと年間約1000件も発生するそうです。日本でも、巨大とはいわないまでも、今後は竜巻の被害が発生すると思っています。

　私たちにはどうすることもできない自然界の営み。でも、地球や大自然への感謝の気持ちをひとりひとりが持てば、大難が小難になるとも思います。

***6**　2015年10月に発生した観測史上最強のハリケーン「パトリシア」は、メキシコの沖合を北上中、最大瞬間風速90メートルに発達したと見られている。メキシコ上陸後の最大瞬間風速は75メートル。洪水、農園や道路の冠水、家屋の損壊などの被害をもたらしたが、勢力を急速に弱めたため、死者は出なかった。

***7**　1992年に発生したハリケーン。フロリダ州南部を中心に265億ドルの経済損失をもたらした。死者65人。

ご縁で結ばれた人や物に、感謝の気持ちを伝えましょう

「おはようございます」
「おやすみなさい」
「ただいま」
「行ってきます」
「こんにちは」
「こんばんは」
「いただきます」
「ごちそうさま」
「ありがとう」

どれも素敵な言葉です。

相手がいないときは、こういう言葉が使えないと思っていませんか。相手がいないときに、声に出してもいいじゃありませんか。

今書いた言葉は、いわれた人はもちろんですが、いった自分自身も元気づける、宝物のような言葉だと思います。

そりゃあね。ひとりでいるときにこの言葉をいうと、答えを返してくれる人がいないから、虚しくなるかもしれません。でも、それ以上の効果がこの言葉にはあるのです。

試しに、元気よくいってみてください。心地よさが部屋いっぱいに広がります。

あなたのために働いてくれている物に、声をかけるのもおすすめです。たとえば冷蔵庫の中にある食材だって、ご挨拶をしてから料理すると、おいしさが増すのを感じます。

まわりを見てください。たくさんの品々が、あなた様のためにだけ部屋の

中にいて、あなた様を元気づけようと「気」を送ってくれています。その品々に、感謝の思いとともにご挨拶をする言葉が、あなた様の運気を上げてくれるのです。

わが家には、シクラメンの花があります。もちろん、買い求めたのは私です。日当たりのよい窓辺で今日も、私から水を与えられるのを待ってくれています。

いつも思うのです。なぜ、このシクラメンはわが家にきたのだろうかと。

シクラメンだけではありません。部屋の中にあるのは、私のためだけの品々ばかり。店では同じ物がたくさん売られていたのに、そのなかのひとつだけがわが家の一員となり、私と生活してくれています。

それを思うと、ご縁というのは、人と人との間だけに結ばれるのではないことがわかります。人と物との間にも、ご縁が結ばれているのです。

今日は、あなた様のためにだけ部屋にいてくれる品々に、ご挨拶をなさってはいかがですか。

私たちは「感謝」という言葉をよく使います。でも、軽々しく使う前に、人であれ物であれ、感謝する「相手」がおられるのなら、しっかりと言葉で表現するほうがよいと思います。

ご自分のための品々に「おはよう」「ただいま」と、日ごろから声をかけると、ご自分も爽やかになるはずです。

そうした毎日を送ると、困ったことが起きても、へこたれずにがんばれますよ。

いつ、何が起こるか、だれにもわからない世の中です。いざ本番となると、心がざわついてしまいます。

でも、日々の幸せ捜しができていると、何かあったときに、ご自分でもビックリするような判断ができたりします。

「私はツイていない」「どうせ私なんか……」などと、ご自分をいじめるような会話を心の中に増やさないでくださいね。せっかく幸運がやってきても、気づくことができなくなってしまいます。いろいろな方のご相談をお受けするようになって、つくづくそのように思います。

ご自分の運気アップを願う人は、ご自分の心の舵取りをしているのは自分自身であることを自覚してください。そして、ご自分へのご挨拶を欠かさないようにしてください。

心という生き物は、ご主人様からの言葉ひとつで力を発揮してくれるのだと思います。

それとね。「ありがたい」と思えることをいっぱい見つけてください。すると、悩む時間が少なくなりますから、おすすめです。

第４章

注目すべき国々の現在と近未来

アメリカ、中国、北朝鮮、
韓国、ロシア……。
日本が深く
かかわらざるを得ない国々は、
今どんな問題を抱えているのか。
そして、何を目指しているのか。
「不思議な世界」の
視点でレポート。

アメリカ国籍を持つ中国人がますます増え、やがては大統領となる人物が現れる!?

アメリカは、多数の人種と民族が暮らす国です。

移民国家としての模範を示すべき国なのですが、アメリカとカナダの白人・アングロサクソン[*1]系・プロテスタントの人々のなかで、イギリスにルーツを持つ民族以外は認めないという人たちが増えているのです。また、フランスやスペインからやってきた黒人と、このところ倍増しているアジア系の権力者たちは、アングロサクソンとの対立が、とくに闇社会で激化しているのを感じています。

アメリカは超大国ですが、借金[*2]についても超大国です。貿易赤字は、なかなか黒字に転換できません。中国との貿易戦争はやむを得ないと、トランプ大統領は考えていることでしょう。億万長者[*3]の数が世界一なら、貧しい人々[*4]の割合も先進国のなかでトップクラスな

***1** アングロサクソンとは、5世紀ごろ、ドイツの北西部から大ブリテン島へ移動した、アングル、サクソン、ジュートなどの西ゲルマン族。現在のイギリス人のおもな祖先。また、アングロサクソンの血を引くイギリス人とアメリカ人を指す。

***2** アメリカの債務残高は、2019年の時点で21・5兆ドル（約2362兆円）で、世界一。

***3** アメリカの経済誌「フォーブス」が発表した世界長者番付2020年版によると、10億米ドル以上の個人資産を持つ億万長者の数は世界で2095人。国別に見ると1位はアメリカの614人で、2位のドイツ111人を大きく引

のが、アメリカという国なのです。

１０４人のイギリス人が入植したころのバージニア州は、どんな感じの場所だったのでしょう。１６０７年に彼らがやってきてから４１３年が経ちます。この４１３年という月日のなかで、最初に13の州が生まれ、現在は50州です。各州はそれぞれに個性と権限を持っています。

アラスカ[*5]は、ロシアからわずか７２０万ドルで買収した土地だといいます。このアラスカが、今後の北極の利権をめぐって大いに注目されることでしょう。

これからのアメリカでは、すごい世界が展開されそうです。中国の国籍を持ちながらアメリカで暮らす華僑もいますが、アメリカ国籍を持つ中国人[*6]が増えているのです。

それと、ロビー活動を通じて、政財界を闇で牛耳る人々が力をつけているのです。彼らは、まさに世界を動かしているといっても過言ではありません。あのビル・ゲイツも、このことに触れると「大

き離している。ちなみに日本は30人だ。

*4 2017年の時点で、OECD（経済協力開発機構）加盟国のなかで貧困率が高い国を並べると、1位は南アフリカの26・6パーセント、2位はブラジルの20・0パーセント、3位はアメリカの17・8パーセント、4位は韓国の17・4パーセント、5位はトルコの17・2パーセント。

*5 1867年、ロシア帝国は、植民地であったアラスカを720万ドルでアメリカに売却した。

*6 2010年の調べによれば、中国系のアメリカ人は335万人。

変な目に遭う」と思っているのを感じます。

そういえば、ビル・ゲイツ[*7]の総資産は、ドミニカ[*8]のGDPの約1・32倍もあるとか。このくらいのお金があれば、あの世すら手に入るかもしれません（笑）。

アメリカは、多民族国家です。異なる文化を持つ人々が、同じアメリカ国籍を持ち、この国で暮らしているのです。市民権を手にした人々の中には、アメリカ人としての誇りと、自分の血の中に流れる民族意識の両方があります。このふたつが混ざりあい、独特な国をつくっているのです。

さほど遠くない時期に、中国系アメリカ人が、アメリカ合衆国大統領になるかもしれません。ここ数年、中国系アメリカ人の大統領を誕生させようと画策している人の「気」を感じているのです。しかし、このことが表面に出すぎると、白人主義者との対立が起きることでしょう。中国系アメリカ人が、銃撃を受けるような事件が起きるかもしれません。

*7・8　2020年の時点で約1137億ドル（約12兆1194億円）とされている。ドミニカのGDPは、2018年の時点で855・6億ドル。計算上では、ゲイツの総資産はドミニカのGDPの1・32倍となる。

バイデン親子の「ウクライナ疑惑」は追及されずに終わるのか？

トランプは、脇が甘いのでしょうか。

バイデン前副大統領とその息子[*1]に関する情報を提供してほしいと、ウクライナのゼレンスキー大統領に電話で依頼したことを、内部告発[*2]されてしまいました。この問題について、米下院はトランプ大統領を弾劾裁判[*3]にかけました。上院の評決によって無罪となったため、大統領の地位を保つことができましたが、もしも有罪になっていたら、失職するところでした。

再選を目指したトランプ大統領にとって、対立候補であるバイデン前副大統領の情報は、勝利につながる重要なものです。喉から手が出るほどほしかったのはわかりますが、内部告発は痛手でした。

バイデンが副大統領だったころ、次男の汚職疑惑[*4]が浮上しまし

*1 次男のハンター・バイデンを指す。

*2 2019年12月27日、トランプは内部告発者の実名が含まれたツイッターの投稿をリツイートし、大きな批判を浴びた。

*3 政府高官や裁判官など、特別な身分保障を受ける公務員の非行について責任を問い、罷免するための制度。アメリカとイギリスでは下院が検察官、上院が裁判官の役割を担う。

*4 次ページ参照。

た。するとバイデンは、息子を守るために、ウクライナに圧力をかけたそうです。政治家って、何でもありなのですね。

トランプといえば、いちばん気になるのが、２０１６年の大統領選のときに民主党がサイバー攻撃を受けたことです。

この事件についてアメリカの情報機関は、クリントン候補の当選を妨害するためにロシアが仕かけたものだと答えを出しました。アメリカの大統領選に他国、それもロシアが介入していたというのですから驚きです。イギリスだったら「００７」の仕業だろうかといいたくなるところですが、あのときの大統領選では、いったいどんな人物が暗躍したのでしょう。

この事件のときトランプは、ＦＢＩに捜査をやめるよう圧力をかけ、それに従わなかった長官[*6]を解任したのですから、プーチン大統領と手を組んでいたことは、だれの目にも明らかです。トランプが真実を語ることはないでしょうが、大統領になってから、過激派ＩＳ（イスラム国）の機密をロシアに渡した。そんな気がするのです。

＊4・5 ハンター・バイデンが、ウクライナの大手ガス会社の取締役在任中に汚職疑惑が発生。ウクライナ検察が捜査に乗りだすと、当時副大統領だったバイデンが、検事総長の罷免を要求した。ウクライナ議会が検事総長を罷免したため、ガス会社は検察の追及をまぬかれた。なお、２０２０年５月、アメリカ上院の国土安全保障・政府問題委員会は、ガス会社と関係のある企業に召喚状を出すことを決定。一連の疑惑についてふたたび調査を進めてた。

＊6 トランプとロシアの共謀の有無がＦＢＩの調査対象になると、トランプはコミー長官を突然、解任した。

アメリカとイランの関係が今後の世界経済を左右する要因となる

イランという国は、ペルシア湾からオマーン湾を経て外海に出るまでの、とても重要な場所にあります。

2019年6月、シナリオを描いた人はいったいだれなのだと、私を驚かせる事件が起きました。偶然なのか、それとも筋書きができあがっていたのか、アメリカとイランの和解を促すために安倍総理（当時）がイランを訪問中に、日本の海運会社が運航するタンカーとノルウェーのタンカー、合計2隻が攻撃[*1]されたのです。

日本で暮らしていますと、わが身の安全がいちばんで、イランの核問題について考えることはほとんどありません。とはいえ、核兵器に転用できる高濃縮[*2]ウランや兵器級プルトニウムを製造し、ウランを濃縮する遠心分離機を設置しようとしていると聞けば、心穏や

*1　攻撃の責任はイランにあるとアメリカは主張し、サウジアラビア、イスラエル、イギリスがこれを支持。イランは関与を否定している。

*2　2015年、イランは、高濃縮ウランや兵器級プルトニウムの生産を制限する見返りに、米欧が経済制裁を緩和することで米英独仏中露と合意（イラン核合意）。しかし、2018年にトランプ大統領が合意を離脱。2020年1月にはアメリカがソレイマニ司令官を殺害したことを受け、イラン政府は合意を破り、ウランの濃縮活動を無制限に進めると宣言。

かではいられません。もしもイランの核兵器開発が進めば、敵対するサウジアラビアなども、開発に着手する可能性があるのです。

イランに対する強硬姿勢を崩さないアメリカ。今後、この問題はますます大きくなることでしょう。

アメリカは、いえ、次の選挙を控えていたトランプ大統領は、イランへの経済制裁を緩和することなど頭になかったと思えます。その一方で、選挙戦を有利に運ぶために、イラン問題をどのように演出するのがよいかを考えていたとも思います。

思いだしてください。トランプ大統領の就任後、政府内部の対立が表面化し、辞任や解任が相次いだことを[*3]。さまざまなことがありすぎただけに、当時のトランプ大統領は、他人を信じて任せるよりは、自分の考えとやり方で大統領の座を維持しようと思っていたことでしょう。

トランプ大統領は、第2次世界大戦後の歴代政権中、最低の支持率を記録したそうです[*4]。以前から感じているのですが、ドナルド・

*3 トランプは2017年1月20日、大統領に就任したが、2018年12月20日の時点で、政府高官の離職率は65パーセントと、歴代大統領で突出していた。離職の理由は、政権内の対立や内紛が半数以上を占めた。

*4 米世論調査会社「ギャラップ」によると、トランプ大統領の就任直後の支持率は45パーセントで、就任直後の支持率としては、調査を開始した1953年以来、過去最低を記録した。

*5 2019年の時点で、イランの石油埋蔵量は、ベネズエラ、サウジアラビアに次いで世界第3位。石油生産量は、世界第8位。

トランプの願いは、歴史上の人物になることでした。アメリカ大統領に就任したことで願いは叶ったのですが、その次は、歴代大統領のなかでも「さすが、トランプ大統領」と、歴史に書かれたくなっていたと思うのです。

しかし、トランプが、イラン問題解決の立役者として自分の名を歴史に残すには、長期政権を確立しなければ不可能でした。

アメリカとイランの関係が、今後の世界経済を左右するひとつの要因となると、私は思っています。

イランは、原油[*5]と天然ガス[*6]については世界有数の産出国です。国土の大部分が乾燥しており、高い山脈に囲まれた内陸部では、砂漠や半砂漠地帯が広がっています。人々は地下室をつくって酷暑を避けているそうです。国民の99パーセントがイスラム教徒で、多くはシーア派[*7]です。

1979年のイラン革命[*8]以後、アメリカとの関係は悪化しているといいます。この問題は41年間も解決できず、アメリカによるイラ

＊6 2019年の時点で、イランの天然ガス埋蔵量は、ロシアに次いで世界第2位。生産量は、世界第3位。

＊7 世界のイスラム教徒のうち約9割はスンニ派。シーア派はムハンマドの子孫を正当な指導者とするのに対して、スンニ派は、血統ではなく能力によって指導者を決める。

＊8 イラン革命以前、イランは中東のなかでアメリカに最も近い国といわれていたが、アメリカが親米政権を利用して石油の利権を確保しようとしたため、反米勢力が革命を起こした。革命の同年にはアメリカ大使館占拠事件が起こり、両国の関係は悪化した。

ンへの経済制裁がつづいているのです。

こうしたアメリカとイランとの関係が、日本にとって他人事[*9]ではすまされない時期がきます。おそらくここ1～2年ではないかと思います。

ホルムズ海峡付近では、今後も緊張がつづくことでしょう。イラン産の原油の禁輸[*10]という問題が、核問題にまで発展するかもしれません。世界経済に影響を及ぼす重大なポイントのひとつが、原油価格にあると思えるのです。

イランの最高指導者は、ハメネイ師。健康の問題なのか、それともだれかの陰謀なのか、命にかかわるような事件が起きるかもしれないと、この原稿を書いて感じました。

話は少し変わりますが、イランの女性は、どんな酷暑でも、手首から先と顔を除いた、全身を包む服を着用しているのが気になります。でも、国内で女性が活躍する場は増えているようで、嬉しく思っています。

***9** 日本は原油の9割近く、天然ガスの2割以上を中東諸国から輸入しているため、中東情勢が悪化して輸入に支障が生じれば、国民生活は大きなダメージを受けることになる。

***10** アメリカは、2018年にイラン核合意を離脱後、イラン産原油の輸入禁止を再発動した。日本を含む8か国については輸入を容認していたが、2019年5月をもってそれを打ち切り、イラン産原油を輸入する国には経済制裁を科す構えを見せた。

石油や鉱物資源が必要な中国は、アフリカ諸国を支配下に置こうとしている

北京オリンピック開催が2008年、上海万博開催が2010年。こうした景気浮揚効果の高いイベントのおかげで、中国は驚異的なスピードで経済成長を遂げ、日本を抜いて世界第2位の経済大国になりました。

急速な経済成長を支えるには、膨大なエネルギー資源、とくに石油が必要です。そのため中国は、アフリカ諸国と積極的な資源外交[*1]を展開し、石油を優先的に輸入しています。

たとえば、スーダンの道路やパイプラインなどのインフラ整備を請け負い、その見返りとして大量の石油を輸入しているのです。

ところがです。スーダン国内の民族紛争[*2]で、中国から流入した武器が使用されているというのですから驚きです。

*1 中国は、エネルギー安全保障の観点から、オイルメジャーを経由しなくても石油を輸入できる独自の調達先を重視しており、それに適合するのがアフリカ諸国だと考えられている。

*2 スーダン西部のダルフール地方では、2003年以来、政府軍と民兵組織が、反政府勢力に対して攻撃をくり返し、非アラブ系住民の虐殺にまで発展している。この虐殺に中国製の武器が使われていることから、スーダン政府と中国は、国際的な非難を浴びた。

中国はアンゴラ[*3]にも目をつけています。鉄道修復事業にかかわる見返りとして、鉱物資源を獲得しようとしているのです。

中国は、アフリカの政治・経済を不安定にして民主化への道を遅らせ、植民地的な支配をしたいのかもしれません。残念なことに、この10年で、その計画は着々と進行しています。

ヘグリグ油田[*4]はすでに中国のものになりました。次なるターゲットはレアメタルに水資源です。日本は大丈夫でしょうか。

しかし、経済大国となった中国内にも不安要素はあります。汚職や所得格差の拡大を背景に、国民の不満や将来への不安がコントロールしにくくなるのでは、と思ったりもします。

中国は、「社会主義市場経済」を導入しています。ところが社会主義とは、資本主義の原則である自由競争の否定や、生産手段の国有化などを本旨とする思想です。どう考えても、社会主義と市場経済とは相容れないものです。この矛盾した体制が、いつまでもつづくとは思えません。

*3 アンゴラは、2019年の時点で、アフリカ諸国のなかで最も多額の融資を中国から受けている。ただ、2017年に就任したジョアン・ロウレンソ大統領は、中国依存からの脱却を掲げ、他国や国際機関から融資を受ける方向に転換しようとしている。

*4 ヘグリグ油田は、2011年にスーダン共和国から独立した南スーダン共和国によって、2012年に制圧された。南スーダンの輸出品はほぼ原油のみで、2014年以降、その99パーセントは中国に輸出されている。

アメリカと中国の貿易戦争の背景は、かつての日米貿易摩擦によく似ている

米中の貿易戦争については、トランプ大統領の強硬姿勢が、アメリカ国内で支持を集めています。ですから、だれが次期大統領になっても長期化することでしょう。

GDPが世界一のアメリカと、2位の中国が熾烈な争いをしているのですから、見ている者はハラハラします。日本の立場を考えれば、対岸の火事ではすまされないとも思います。

この貿易戦争は、かつてジャパン・バッシング[*1]が起こったときの状況と似ています。第2次世界大戦で敗退した日本。しかし、最大の貿易相手国となったアメリカのおかげで貿易黒字になり、反対にアメリカは、貿易赤字に転落してしまったのです。

鉄鋼、テレビ、自動車、半導体、繊維、その他にも多くの製品を

*1 日本の急速な経済大国化を背景に、1980年代からアメリカを中心に各国で見られた、日本を非難する動き。日米貿易では日本が黒字を拡大する一方、アメリカは赤字が増大して不況となり、並行して反日感情が高まっていった。日本製品をハンマーで叩き潰すパフォーマンスも見られた。

アメリカに売って、日本は経済成長をなしとげました。日本製品は良質で、アメリカの消費者の間で人気が高まり、自国の製品が売れなくなったのです。

日本は円高を逆手に取って輸出をつづけましたが、アメリカでは多くの労働者が職を失いました。ジャパン・バッシングが巻き起こっても仕方がない状況だったと思います。

あのころの日本は、今の中国と同じで、アメリカより人件費が安いのに技術力は高く、よい製品をつくっていたのですから、売れて当たり前でした。しかし、その結果、日本は輸出制限などの報復措置をアメリカから受けたのです。

中国は、国際市場で競争力をつけてアメリカの貿易相手国になりました。現在、アメリカの貿易赤字[*2]のうち3割は、中国との貿易によるものです。

人民元[*3]の対ドルレートの固定。この言葉の意味はわかりませんが、ふと書きたくなりました。

*2 2019年のアメリカの貿易赤字は、6年ぶりに減少して約6168億ドル。そのうち中国に対する貿易赤字は3456億ドルで、2018年に比べて約18パーセント縮小している。

*3 2005年7月に管理変動相場制が導入される以前、人民元の対ドルレートは1ドル＝8・28元にほぼ固定されていた（固定相場制）。管理変動相場制は、当局が為替市場に介入する制度で、対ドルレートが毎日発表され、その上下2パーセントの間で取り引きがなされる。

ウイグルやモンゴルに対する中国の行いは、文化・伝統・信仰の全否定であり、富の収奪

中国の人口は、世界一です。かつて「ひとりっ子政策」[*1]が実施されていたため、そのうちインドに抜かれるかもしれませんが、現在、約14億5万人が中国で暮らしています。

9割以上が漢民族で、彼らが政治や経済を担っています。漢民族以外に55の少数民族が暮らしていますが、不利益をこうむることも多くあるため、中国からの独立を望んでいる民族もいます。

なかでも新疆《しんきょう》ウイグル自治区で暮らすウイグル人は、深刻な状況に追い込まれているのです。

ウイグル自治区が中国に編入[*2]されて、65年が経過しています。でも、文化や宗教が異なる中国への帰属意識は、育ちませんでした。

しかし中国は、彼らの独立を認めません。それはそうでしょう。新

*1 人口抑制政策として1979〜2015年まで実施された。2016年以降は、夫婦ひと組につき、子供はふたりまでとされている。

*2 ウイグル自治区は、13世紀以降、モンゴル帝国、ジュンガル、清朝、中華民国の支配下にあったが、中華民国の新疆省主席らが中国共産党に帰順したため、1955年に新疆ウイグル自治区が設置された。

疆ウイグル自治区は、エネルギー資源[*3]の宝庫なのですから。

ウイグル族の人口は約840万人。ウイグル自治区を拠点としていましたが、大半が南疆（天山山脈の南側）に移されてしまいました。祖先はトルコ系の一部族といわれ、ウイグル語とアラビア文字を使い、イスラム教を信仰しています。信仰というのは強固なものですから、すぐに崩れることはありません。信仰ひとつ取っても、ウイグル族の人々は、中国に歩み寄ろうとはしないでしょう。

新疆ウイグル自治区は、資源の宝庫というだけでなく、中央アジアやイランなどから供給される原油や天然ガス[*4]の通行路でもあります。中国は、ウイグル族をこの地域から追放しようとしているのか、漢民族[*5]を移住させる政策を進めています。このことが、紛争を激化させる原因になったのです。

かつては中国内で問題が起きても、外には漏れにくかったことでしょう。しかし今は、隠し通せる時代ではありません。中国が抱える民族問題は、次から次へと真実が明らかになり、世界から人道的

＊3 新疆ウイグル自治区の原油埋蔵量は中国全体の約20パーセント、天然ガスは約25パーセントといわれる。それ以外にも、金、プラチナ、銀、ウラン、石炭など、多くの資源が眠っている。

＊4 新疆ウイグル自治区には、原油や天然ガスのパイプラインが多数走っている。また、石油や天然ガスの精製施設も多い。

＊5 1950年ごろ、中国政府は、漢民族を中心とする新疆生産建設兵団をウイグル自治区に大量に入植させた。入植当初、漢民族の割合はウイグル自治区全体の7パーセントだったが、2000年の時点では、41パーセントに増加している。

に非難される時代を迎えつつあると思います。

ウイグル人への激しい弾圧。そう私が書いても、どうすることもできませんが、せめてこの本をお読みのあなた様に知っていただきたいと思います。

「強制収容所[*6]など存在しない」と、中国当局はいっています。しかし、新疆ウイグル自治区には、親の消息がつかめない人や、息子の行方がわからない人が多くいます。日本で暮らすウイグル人のほとんどの人が、2017年以降、自分の家族の安否が確認できないといっているのです。

強制収容所はいくつかのレベルに分かれていて、絶対に出てこられない収容所や、何年か経つと仮釈放のように出られる収容所があるようです。ウイグル全土に収容所があり、びっくりするほど大勢の人が収容されているといわれます。収容所なのに、中国政府は再教育センター[*7]とか、職業訓練所といっているみたいです。

収容所では、ウイグル人が、ウイグル人として生きていけない状

＊6・7　新疆ウイグル自治区内には500か所以上の強制収容所があり、ウイグル人の人口の約1割に相当する100万人以上が収容されているとの見方がある。中国政府はこの収容所を「再教育センター」「職業技能教育訓練センター」などと称している。ほか、夫が収容所に入れられて妻子だけが残った家庭に、共産党員の男性を送り込み、擬似的な家庭生活をさせるPUBF（「ペアを組んで家族になる」という言葉の頭文字）という方法も、2017年ごろから進められているという。

況がつくりだされています。ウイグル語が禁じられているだけではなく、イスラム教徒ならば食べてはならない豚肉を食べさせられているといいます。精神的な拷問を受けているのです。両親が収容所に入れられた子供たちは、中国の幼稚園に入れられ、中国人として育てられています。

こうしたことが、内モンゴル[*8]やチベットでも同じように行われています。モンゴル人にとって、遊牧生活は伝統に根ざした生き方ですが、事実上、禁止されているのです。チベットにおける大虐殺や仏教寺院の破壊は、ご存じのとおりです。

中国政府が他民族に対して行っていることは、言語・文化・歴史・伝統・信仰の全否定であり、それより何より、富の収奪でしかありません。他民族から取りあげた資源によって富を得た人々は、やがて中国を支配しはじめます。しかし、そのときに、政局は大きく揺れ動くことでしょう。

50年後の中国は、いったいどのようになっているのでしょうか。

＊8 文化大革命の前後、モンゴル人の人口は150万人だったが、100万人が逮捕され、死傷者は数十万人といわれている。また、中国政府は、内モンゴルでの放牧が砂漠化を進めているとして、放牧を禁止した。実際には、農耕、資源の採掘、工業化が砂漠化の大きな原因だと考えられている。現在、内モンゴルの約6割が砂漠化しているという。

数十発の核を保有する北朝鮮のトップの今後は、健康上の問題に大きく左右される

2020年4月、北朝鮮の金正恩《キムジョンウン》が亡くなったというニュースが世界をかけめぐりました。その後、工場視察の映像が流れて死亡説は消えたものの、影武者説が出るなど、真実はわかりません。あの巨体を見ますと、体に不調があっても不思議ではないと思えます。

北朝鮮という国を思い描くと、なぜかモンゴル[*1]という国が浮かんできます。そういえば、米朝首脳会議の開催場所を決めるとき、モンゴルの首都も候補[*2]に挙がっていた気がします。最終的にはシンガポールに決まりましたが、あれから2年が経ったのですね。

金正恩とトランプ大統領との電撃的な首脳会談が開催されたのは、2018年6月でした。これを機に北朝鮮が大変身するのでは、と大きな期待を抱いたのですが、非核化へのプロセスについて

*1 毎月500人程度の脱北者が、モンゴルに入ってきているとの説がある。また、2013年には、モンゴルのツァヒアギーン・エルベグドルジ大統領が北朝鮮を訪問し、とくに石油精製の分野において両国の経済的なつながりを強化すると述べた。

*2 ウランバートルが候補に挙がっていた。

は、双方の思惑がずいぶんと異なっていたようです。

金正日《キムジョンイル》から金正恩へと権力が引き継がれたのは、2011年12月。金正恩は、どのような国のあり方が正しいと思っているのか、2016年以降、3回の核実験と48発以上の弾道ミサイル発射を強行しています。このことで国連が経済制裁[*3]を発動しても、何ひとつ気にもとめない様子です。誤射によって日本国内に落ちるのではないかと、心配になってしまいます。

朝鮮民主主義人民共和国。長い国名です。日本は国家として承認してはいません。

1984年1月8日生まれの金正恩は、御年36歳。最高指導者に就任すると宣言したのは、28歳のときです。就任後の8年間で、叔[*4]父と兄を粛清しました。

20〜30発の核兵器を保有するといわれる北朝鮮のトップの今後は、健康上の問題に大きく左右されそうです。もしかしたら、それほど遠くない日に、大きな幕引きがなされるかもしれません。

*3 2017年12月、国連の安保理事会は、灯油やガソリンなどの石油精製品の供給を9割以上削減すること、各国の北朝鮮人労働者を2年以内に本国に送還することなどを全会一致で採択した。

*4 2011年12月に最高指導者となることを公式に宣言し、2013年12月13日に叔父の張成沢を処刑し、2017年2月13日に異母兄の金正男を暗殺した。

金正恩が叔父と異母兄を粛清した背景には金ファミリーの複雑な人間模様があった!?

2013年12月だったと思います。北朝鮮で張成沢《チャンソンテク》が粛清され、この国の底知れぬ恐ろしさが全世界に伝わりました。

これを主導したのが金正恩です。粛清された張成沢の妻は、金敬《キムギョン》姫《ヒ》。建国の父・金日成の娘で、金正恩の叔母に当たります。

母方の叔母[*1]はといえば、アメリカに亡命しているのですから、金一族は、謎だらけの一族だといえそうです。いえ、恐ろしい一族といったほうが適切かもしれません。

金敬姫は、夫である張成沢が粛清されたと聞き、ショックのあまり心臓麻痺を起こして死んだとか、欧州に逃げたなどといわれ、姿[*2]を見せません。張成沢とは恋愛結婚です。まさか数十年後に、このような別れが待っているとは思いもしなかったことでしょう。

*1 金正恩の実母（高英姫）の妹、高英淑。1998年、夫のイ・ガンとともにアメリカへ亡命し、現在は名前を変えてクリーニング店を営んでいるという。

*2 金敬姫は、国外へ追放されたか処刑されたとの噂が流れていたが、2020年1月、平壌の劇場内で、金正恩夫妻と並んで観劇している写真が、朝鮮中央通信に掲載された。公の場から姿を消して、約6年が経過していた。

金正日には5人の「妻」がいましたが、生涯「家庭」を持てなかったといわれます。その理由は、愛したふたりの女性のうち、ひとりは略奪愛の末に結ばれた成恵琳《ソンヘリム》[*3]、もうひとりは在日朝鮮人の娘として大阪で生まれた高容姫《コヨンヒ》[*4]だったからかもしれません。成恵琳は映画女優、高容姫はマンスデ芸術団の人気スターで、金正日は、母・金正淑の役を演じさせたといいます。正式な妻[*5]がいたものの、金正日の父である金日成の強制で一緒になっただけの間柄でした。

最高指導者となった金正恩が、叔父の張成沢と、異母兄の金正男を粛清するという凶暴さを剥《む》きだしにしたのは、生い立ちのなかに、こうした複雑な背景があったからだと思います。

金正日は、成恵琳が産んだ長男の正男をとてもかわいがったといわれています。正恩は、幼いころから異母兄に対して、嫉妬の炎を燃やしていたのかもしれません。

金ファミリーの人物相関図を見ていると、親の生き方が子に影響を及ぼしているのがわかります。

***3** 成恵琳と息子（金正男）の存在は、正男が5歳になるまで隠し通された。正日の正妻に子供が生まれたころから精神不安定となり、晩年はモスクワで長期の療養生活を送った。

***4** 高容姫は、金正日が最も愛した女性といわれる。金正哲・金正恩・金与正を産んだ。

***5** 朝鮮労働党エリートを父に持つ金英淑が正妻とされている。

韓国経済を成長させた財閥が危機を迎えている！

改善の兆しが見えない日韓関係も気がかり

日本の未来を考えますと、お隣の国である韓国との関係が、やはり気になります。

過去を見ますと、韓国は、国内に不都合なことが起きると日本を攻撃して、国民の注意を日本に向けさせているように思われます。では、現在の韓国は、いったいどんな「不都合」を抱えているのでしょうか。

財閥の力で発展途上国から近代国家へと成長した韓国ですが、その財閥が、どうやら危機[*1]を迎えているようです。業績の悪化に加えて、国民による財閥叩きが、これまでの鬱憤を晴らすかのように激しさを増しているのです。民主化が進む韓国では、もはや財閥は必要がないのかもしれません。

*1　2014年には「ナッツ・リターン事件」で大韓航空の副社長（趙顕娥）が起訴、逮捕されて世界中の注目を浴び、国内では財閥への批判が強まった。また、かつて韓国最大の財閥だった現代自動車をはじめ、SKグループ、CJグループのいわゆる財閥3世が、次々と薬物事件で摘発されている。こうした事件も財閥の危機に拍車をかけているようだ。

日本でも人気の高い韓流ドラマを見ますと、財閥を背景にしたストーリーが多いことに気づきます。このことひとつを取っても、一般国民の財閥に対する憧れと不満が見えてきます。

これまで韓国の経済は、財閥が動かしてきました。サムスン、現代自動車、SK、LGの4大財閥を合わせると、韓国のGDPの約60パーセントになるといわれています。10大財閥[*2]まで広げると75パーセントを超えるというのですから、財閥の業績が低下すると、韓国経済は大変なことになるのがわかります。その財閥が、これまでのような盤石さを失いそうなのです。

財閥というのは、一族が独占的に出資して、企業グループを支配する経営形態のことです。

かつては日本にも財閥がありました。第2次世界大戦後、GHQによって解体されるまでは、長きにわたって、財閥が日本経済の担い手だったのです。現在も、三菱東京UFJ銀行、住友商事、三井不動産などに、財閥の名前が残っています。名前が残っているだけ

*2 4大財閥に以下の6財閥が加わる。ロッテグループ、韓進グループ、斗山グループ、コーロングループ、ハンファグループ、錦湖アシアナグループ。

で、財閥の一族に支配されているわけではありません。

朝鮮半島が日本の植民地だったころ[*3]は「北工南農」といわれていて、南はとても貧しかったのです。1948年に大韓民国（韓国）が誕生してからも、この傾向はつづきました。1953年に朝鮮戦争が終結したとき、国民ひとり当たりの所得は67ドル[*4]。アジアのなかでも最貧国といえる金額でした。ところがその後の67年間で、驚くばかりの成長[*5]を遂げたのです。

韓国という国が、財閥の力を原動力として、発展途上国から先進国へと変貌を遂げたことは認めざるを得ません。しかし、一族の独占支配による経営がつづきますと、たとえ功績が大きくとも、罪もまた大きくなるのが人の世の常です。

今もなお、韓国の財閥が経済を動かしているのなら、真の民主化はまだ先にも思えるのです。財閥は、政治的なコネで大きくなったため、政治との癒着は根強く残っています。これをきれいにすることは、けっして容易ではないと思えます。

*3 日本は、1910年に大韓帝国を併合。1945年に敗戦を迎えるまでの35年間、朝鮮半島を統治下に置いた。

*4 調べたところ、67ドルという数字は国民ひとり当たりの所得ではなく、韓国における1953年のGDPを人口で割り、ひとり当たりの金額を算出したもの。

*5 韓国における国民ひとり当たりのGDPは、最低値が1955年の約64ドル。2018年の時点では、最低値の約516倍に相当する約3万3000ドルとなり、世界で28位。ちなみに日本は、約3万9300ドルで26位。トップ3は、ルクセンブルク、スイス、マカオであった。

とはいえ、一族に富が集中していることに、不満を持っている国民は多いのです。財閥の関係者や関連企業が不祥事でも起こそうものなら、今までの怒りを爆発させて非難を浴びせかけ、デモを起こすでしょう。

そろそろ財閥の限界が見えてきそうです。従業員のストライキなどで大きな損失を出したり、粉飾決算による背任行為が表面化したりするかもしれません。

韓国経済が崩壊する日は、近づいているような気がして仕方がありません。一族が独占的に経営を担っているだけに、財閥のアキレス腱は身内による争いだと思います。

私が今いちばん気になっているのは、韓国の住宅ローン[*6]です。近い将来、このことが大問題になるように思えるのです。

ここで改めて日韓関係に目を向けますと、元徴用工問題[*7]をきっかけに、大変な方向に進み、改善の気配が見えません。

はじまりは、韓国の元徴用工が、当時の新日鐵住金を相手どって

*6 韓国では、各家庭の家計債務（ローン等の借金）が継続的に増大している。そのなかで最も多くの割合を占めるのは住宅ローンで、全体の57・9パーセント。増大の理由はおもに2点あり、ひとつは低金利が長期間つづいていること、もうひとつは住宅ローン貸し出しに対する政府の規制が緩和されたことだという。家計債務が、国内の金融危機や財政破綻を招きかねないとの見方もある。

*7 元徴用工問題の概略を説明する。日本は、日中戦争（1937〜1945年）による労働力不足を補うため、国内の民間人のほか、当時植民地であった朝鮮半島からも推定70万〜80万人の民間人を軍需工場や炭鉱などに動員した。19

訴訟を起こしたことです。これを受けて韓国の最高裁判所は、新日鐵住金に対して、元徴用工ひとりあたり１０００万円の賠償を命じる判決を下しました。このことは、日本でも連日のように報道されましたので、覚えておられる方が多いことでしょう。

この後、見る見るうちに日本と韓国の関係が悪くなり、２０１９年７月、日本政府は、韓国への輸出管理を２段階で強化することを発表しました。まず７月からは、半導体*8の材料となる３品目の輸出審査を厳しくし、８月には、韓国をホワイト国*9から外すことにしたのです。

これに対して韓国は、日本との間で締結したＧＳＯＭＩＡ《ジーソミア》の破棄を通達してきました。ＧＳＯＭＩＡとは、防衛に関する情報を両国で交換しあい、他国に漏らさないという協定です。このときアメリカのポンペオ国務長官は「韓国に失望した」と表明しました。

その後、日本とアメリカが破棄の見直しを求めたものの、韓国は首を縦に振らず、ＧＳＯＭＩＡの失効は避けられないと思われてい

65年に日韓の国交が回復した際、日本は徴用で死亡した人に対して、ひとり当たり約30ウォンを支給。これにて問題は最終的に解決したと「請求権協定」には記されているが、２０１２年、韓国の最高裁は「損害賠償請求権は、請求権協定によっても消滅していない」との判決を下した。

*8 半導体事業は、韓国の主要産業。輸出規制を受け、韓国では素材の国産化が進められている。

*9 貿易の輸出管理体制が厳格に行われていると日本政府が認めており、大量破壊兵器や通常兵器の製造に使われる物品、技術や部品が内蔵されている製品が軍事転用される恐れの少ない国。

ました。ところが、失効を翌日に控えた11月22日、韓国は破棄を撤回し、協定は継続されることになったのです。

しかし、日韓関係の溝は深まったままです。新型コロナウイルス騒ぎが起きたため、棚上げのような状態になっていましたが、8月4日は、韓国裁判所からの「韓国内資産の差し押さえ命令」[*10]が効力を発生する日です。今後、韓国がいつ何をしてくるか、わからないし、もしも韓国内の資産が現金化されたら、日本側も強い対抗措置を取るかもしれません。

韓国の中小メーカーは給料が安く、職場定着率がとても低いのです。勤労者のほとんどは大卒で、中小メーカーには就職したがらないそうです。こうした状況の結果として、国内で生産される物の品質が低下したため、財閥は、優秀な部品を国外から輸入することにしました。これによって中小メーカーはますます大変になり、韓国経済が潤わなくなっているのです。内需をいかに振興するかに、この国の今後がかかっています。

*10 差し押さえ命令は、2020年8月4日0時に効力を発生したが、これに対して日本製鉄（旧・新日鐵住金）が不服を申し立て、即時抗告した。このため、差し押さえ命令の効力は確定しない。今後、再び裁判所の判断を待つこととなる。

北方領土問題が解決の兆しを見せない一方で、日本人の関心がすでに薄れつつある

第2次世界大戦が終結した1945年8月15日から、75年が経ちました。沖縄が返還されてからは48年が経過しています。

北方領土は、沖縄が返還されたときのようにスムーズにはいきません。ロシアが実効支配[*1]する択捉《えとろふ》島、国後《くなしり》島、色丹《しゃこたん》島、歯舞群《はぼまいぐん》島という4島の今後は、不安材料だらけです。

終戦から11年後の1956年、日ソ共同宣言によって平和条約が締結され、歯舞群島と色丹島の返還に向けて交渉をすることになっていました。ところが、2020年まで、北方領土問題はいっこうに解決していないのです。

2013年には日露首脳会談が開かれ、4島の帰属問題を双方に受け入れ可能な形で解決して、平和条約を締結するとの決意表明が

*1 第2次世界大戦末期の1945年8月9日、ソ連は日ソ中立条約に違反して参戦し、日本がポツダム宣言を受諾後に北方4島を占領。当時、4島にソ連人はおらず、約1万7000人の日本人が住んでいたが、ソ連は4島を一方的に自国領に「編入」し、1948年までにすべての日本人を強制退去させた。それ以降、今日に至るまでソ連、ロシアによる不法占拠がつづいているというのが、外務省の認識である。

なされました。そのときから7年が経っています。

ロシアの国益のためにも必要なことがあるはずです。アジア太平洋への足がかりをつくるためにも、プーチン大統領は日本と手を結びたいはず。それと、エネルギー産業の発展にも日本の力が必要なはずです。今がプーチン大統領への攻めどきだと私は思います。でも、北方領土に対する日本人の関心のなさが気にかかるのです。

ロシア国内の産業を見ると、プーチン大統領は、自分の狙いどおりに着々と事を進めています。

ロシアを支えるのは石油と天然ガスですが、天然ガスの生産・輸送・販売は、もはやプーチン大統領の意のままです。株式の過半数はロシア政府が持ち、その他の株の多くは、プーチン大統領がいかようにも動かせる人々の手に入っているのです。

サハリン[*2]は、今後どのようになっていくのでしょう。

日本企業は、ロシア政府から圧力をかけられる。ロシア政府は、強硬な姿勢を見せる。今ふと、こんなことを思いました。

＊2 第2次世界大戦後、サンフランシスコ講和条約で、日本はサハリンにおけるすべての権利、権限、および請求権を放棄。その後は、全島がロシアのサハリン州に編入されている。サハリン州の大陸棚には膨大な石油資源が埋蔵されており、20世紀前半から注目されていた。ソ連が解体された19 90年代初頭、ロシア政府は外国資本の導入による資源開発に踏みきり、世界の石油メジャーが多数参加して原油・天然ガスの採掘が進められている。

国を持たない最大の民族といわれるクルド人は、中東の複数の国に分断されて暮らしている

クルド人は、大きな苦労を強いられてきた民族だと思います。

彼らは、アラブ人でもトルコ人でもなく、紀元前9世紀ごろにザグロス山脈付近で生活していたメディア人[*1]の子孫で、大半がイスラム教徒のスンニ派[*2]です。人口は、情報源によってバラつきがあり、2500万人から3300万人といわれています。

中東の歴史のなかで、クルド人が暮らしている地域と国家が一致したことは一度もありません。今もなお、中東の複数の国に民族が分断されて住んでいるのです。

歴史を振り返りますと、クルド人は、アラブにはじまり、モンゴル、ペルシア、そしてオスマン帝国に支配されてきました。クルド人の独立国[*3]になるはずだった地が分断されるなどして、現在では6[*4]

＊1 メディア人は、歴史に登場した最初のイラン人といわれ、紀元前9世紀以降、アッシリアの記録に現れる。

＊2 世界のイスラム教徒の約9割を占める宗派。シーア派がムハンマドの子孫を正当な指導者とするのに対して、スンニ派は、血統ではなく能力によって指導者を決める。

＊3・4 次ページ参照

つの国に離散しています。

　クルド人のうち、約半数はトルコで生活をしていて、トルコで暮らす人の５人にひとりがクルド人だといわれています。しかしトルコは長い間、クルド人を否定する政策をとってきました。彼らは少数民族として認められず、自分たちの言葉を使うことさえ許されなかったのです。

　それを知ると、トルコにおいて、クルド労働者党のゲリラ活動が活発になるのがわかる気もします。これに対してトルコ政府は、軍による弾圧や不法逮捕、強制的な移住措置で応酬してきました。そのため約３００万人ものクルド人が、トルコから去らなければいけなかったのです。

　クルド人に対して特別な思いを持つ人は、日本には少ないかもしれません。けれど、クルド人も日本人も、地球という星に住む家族なのです。

*3　トルコ、イラン、イラク、シリアの4か国にまたがるクルディスタン地方。第1次世界大戦まではオスマン帝国の領地で、この地域にほとんどのクルド人が住んでいた。

*4　トルコ、イラン、イラク、シリア、アフガニスタン、アゼルバイジャン。いずれの国でも少数民族と化している。ドイツ、フランス、スウェーデン、イスラエルにも、10万人以上のクルド人が居住している。

不思議な世界の方々に会えるのは、無心で邪念のないときです

不思議な世界の方々と仲よしでいられることは、私の誇りです。不思議な世界の方々を「霊」だとか「特別な方々」だと思ったことはありません。むしろ、まったく無になれる相手と申しますか、気を使わずに向きあえる方々だというのが答えです。

こうして原稿を書いていますと、不思議な世界の方々のどなたかが、私の目の前にお越しになることもありますし、書くことに夢中になっているときには声が聞こえます。その声は、女性だったり男性だったりですが、声から年齢を推測してみますと、だいたい40代くらいから、上はいったい何歳なのだろうと思えるくらいの幅があります。

不思議な世界の方々のために、私の部屋にはピンクの椅子があります。この椅子を置くようになってからは、お越しになられたときの目線の高さが以前とは違うのを感じます。

地図に触れながら原稿を書くこともよくあります。触れているときに指先が止まったり、胸の奥に熱を感じたりすると、後からその場所が揺れることもあります。

私にとって原稿用紙に文章を書きはじめることは、別世界へと向かう扉の前に立つことです。書き進んでいきますと、不思議な世界の方々との待ちあ

わせ場所に着くような思いがするのです。

どのような条件がそろうとお会いできるのかはわかりませんが、無心といいますか、邪念がないときだと思っているのです。

今は私にしか見えていない不思議な世界の方々。なぜ私を選ばれたのかはわかりませんが、いてくださるおかげで、人恋しくて寂しい思いはあまりしたことがありません。

不思議な世界の方々が、いつお越しになるのかはわからないのです。だからといって「会いたい」と思うわけでもなく、不思議なくらい自然な気持ちで、お越しをお待ちできるのです。

物心ついたころからそばにいてくださり、たくさんのことを教えてくださいました。

ただ、ふり返ってみますと、ここいちばんという大事な場面で突然お越しになり、問題を解決してくれたことはありません。学生時代、試験の最中に答えを教えてくれたこともなく、恋をしたときにダメ出しをされたこともありません。でも、私が横道にそれようとすると、もとの道に戻してくれていた気がいたします。

「不思議な世界の方々がいてくださるから私は幸せ」という思いも、不思議なくらいないのです。

だからね。おかしな存在なのです。

第５章

核の脅威と
闇の勢力

世界の核兵器の９割以上を所有する
アメリカとロシアは、
核戦力をさらに増強しようとしている。
そして、世界を思いのままに
動かそうとする
闇の勢力も健在だ。
ふたつの見えない
脅威について語る。

人類が保有する核が引き金となって6回目の大量絶滅が起こりかねない

「いちばん気になることって何ですか？」

こんな質問にお答えするとしたら、やはり各国の保有する核が気になります。

これまで地球上では、少なくとも5回[*1]の大量絶滅が起きています。次なる大量絶滅は、人間が起こすのかもしれません。

怖い話があります。アメリカ大統領が軍の最高司令官として核ミサイルの発射を行うのは、ファミリーレストランに行ってランチを注文するのと同じくらい簡単だというのです。

もちろん、本人確認と、大統領に与えられた認証カードのゴールドコードが本物だと認められることが前提です。大統領が司令を出し、それが本物だと確認されたら、軍は核の発射を検討し、攻撃す

*1 古生物学者らによれば、過去5億年に5回の大量絶滅が起きている。4億4300万年前（オルドビス紀の終わり）、3億6000万年前（デボン紀の終わり）、2億5000万年前（ペルム紀の終わり）、2億100万年前（三畳紀の終わり）、6500万年前（白亜紀の終わり）だ。このうちペルム紀に起こった大量絶滅は最も度合いがひどく、地球上の96パーセントの生物が死に絶えた。

るか否かを軍のトップが判断します。

　ところがです。

　緊急の場合は、大統領のひと声で発射できるのです。なぜなら、大統領が軍の最高司令官なのですから。

　アメリカ合衆国大統領に就任すると、黒いバッグを使用する権利を手にします。「核のフットボール」といわれるこの黒いバッグの正式名称は「大統領緊急バッグ」[*2]。

　この中には黒い手帳、本、ノート、認証カードが入っています。黒い手帳には、軍事攻撃されたとき、どのような報復措置があるかが記されています。本には、緊急時に大統領を受け入れることのできる秘密の場所が書かれています。ノートには、緊急警報を発するときの手続きが書かれています。

　そして4つ目が、核を含めた攻撃を行うための認証カード。この認証カードは、毎日新しいものが発行されているといいます。サイズはクレジットカードの大きさのようです。

*2 ジョン・F・ケネディ以降の歴代大統領は、このバッグを常時かたわらに置く。左の画像では、大統領専用機に黒いバッグが持ち込まれようとしている。

この黒いバッグの中身は、[*3]ジュラルミンケースのような強固なつくりです。独自の通信機能が搭載されていて、アンテナもあるようです。有事の際には、大統領はこの通信機能を使って軍と通信するのです。

この黒いバッグを運搬する担当者は、常に大統領のそばにいて、大統領がいつでも迅速に使用できる状態にしているのです。バッグの総重量は20キロ。かなり過酷な任務です。

核兵器について、私たちは今ひとつピンときてはいませんが、テロでの核使用が現実味を帯びつつあることを、少しは感じてほしいと思います。

北朝鮮の外交の仕方は、核やミサイルの影をちらつかせながら相手国を牽制することですが、発射されたミサイルが、間違って日本に落下しないとはいい切れません。

もちろん、「誤射」ではすまされません。かといって、すぐさま戦争にまで発展するかといったら、そうはならないと書きたくなるの

*3 左は、黒いバッグの中身といわれている画像。

です。

核の問題を考えると、恐ろしくなることがあります。もしも地球上のどこかに隕石が衝突したら、どうなるのでしょう。

現在、世界で核兵器を保有している国は、アメリカ、ロシア、イギリス、中国、フランス、インド、パキスタン、イスラエル、北朝鮮の9か国に加え、イランの核開発が発覚し、シリアにもその疑惑があります。まさかの隕石落下は、地球に住む私たちにとっては死をも覚悟すべき大問題となります。

北朝鮮のノドン[*4]という中距離弾道ミサイルは、約1トンの弾頭を搭載でき、ほぼ日本全土を狙う能力を持っています。

北朝鮮[*5]とパキスタンの関係ですが、このノドンでもわかるように、今も両国の間には外交のパイプがあると思えます。

トランプ大統領には、優れた営業マンとしての力量があるので、今は北朝鮮を手の中で転がしている気もしますが、いつどこで何が起きるかわからない時期にきています。

*4 左はノドンの画像。

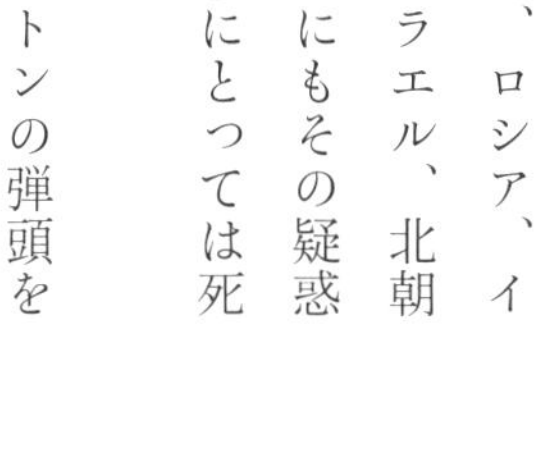

*5 北朝鮮は、プルトニウムに替わるものとしてパキスタンからウラン濃縮技術を導入し、核開発を推進。また、パキスタンは、北朝鮮からノドンを購入している。さらに両国は、核兵器開発についても交流を深めている。

ロシアの超大型核魚雷が発射されたら東日本大震災を上回る津波が発生する⁉

地球上には、核弾頭が何発くらいあるのでしょう。

世界で最も多く核弾頭を保有しているのはロシアで、その数は6375発。世界中が吹っ飛びそうな数です。2位のアメリカは5800発。3位は中国ですが、数はぐっと少なく、320発です。

核の廃絶を求める声は、世界中に広がっています。

ところが、ロシアのプーチン大統領は、ロシアや同盟国に対する弾道ミサイルの発射情報などがあれば、核兵器の使用を認めることにしました。[*1] アメリカでも、核兵器の実戦使用に向けた準備が急ピッチで進んでいます。

アメリカとロシアが核の軍拡競争をはじめると、東西冷戦時代がふたたびはじまるでしょう。

*1 プーチン大統領は、2020年6月2日、限定的な条件下では核の先制使用を認める「核抑止力の国家政策指針」に署名。2019年8月に米露間の中距離核戦力全廃条約が失効し、2021年2月には新戦略兵器削減条約が期限切れを迎えるなかで、アメリカの新型兵器開発にも警戒を強めた措置と見られている。

*2 「ポセイドン」という名称の超大型核魚雷。左がその画像。

なぜロシアは戦闘態勢に入ろうとするのでしょうか。2019年には、数千マイルを潜航できるという超大型核魚雷[*2]の映像を公開しました。敵国沿岸の海軍基地や都市を攻撃するとも発言していましたが、その「敵国」がどこなのかはわかりません。

核爆発は、地球規模の大打撃となります。核汚染はもちろんのこと、巨大な放射性津波[*3]が発生して人々を襲います。

核の魅力って、いったい何なのでしょうね。人々が地獄の苦しみを味わう姿が見たいのでしょうか。

日本も核の問題を抱えていることをご存じですか。核兵器6000発分に相当するプルトニウムを保有しているのです。

日本は地球上で唯一の被曝国です。それに加えて、放射能の恐ろしさを東日本大震災で十分、味わってもいます。ふたたび大災害が起きて、核の関連施設が被災でもしたら、大変なことになるのではないかと心配です。

「核兵器」の裏には、闇のビジネス世界があると思っています。北

*3　海岸近くで20〜50メガトン級の核魚雷が発射されれば、東日本大震災に匹敵する津波が沿岸部を襲う可能性があると、専門家が警鐘を鳴らしている。

朝鮮も、そのビジネスにはまったと思えるのです。

どのくらい前になるのでしょう。

北朝鮮が、核やミサイルを開発しないことを条件に、国際社会から食糧やエネルギーの支援を取りつけたことがありました。[*4] アメリカからもエネルギー支援を受けたのですから、核やミサイルは、ビジネス的にいうと、すごい商品です。軍事だけではなく、外交の切り札として使えるのです。

北朝鮮といえば、2007年にシリアが空爆されたことをきっかけに、北朝鮮製の原子炉施設が、シリアで使用されていたことがわかりました。当時の北朝鮮は、核の闇ビジネスを本格化しようと目論んでいたのでしょう。また、過激派組織「イスラム国」が建国を宣言した2014年6月以降、北朝鮮の動きを見ていますと、買い手があったのではないかと思います。

テロ組織はまだ生き残っています。テロ行為に核が使用されないという保証は、どこにもないのです。

*4 1994年と2005年には、核の放棄に合意して各国から支援を取りつけた。また2012年には、ウラン濃縮活動、核実験、長距離ミサイル発射の一時停止を条件にアメリカから食糧支援を受けることに合意。しかし、その1か月半後にミサイルを発射し、食糧支援は打ち切りとなった。

闇の支配者たちの社会でも新旧の世代交代が起きている

世界には、表からは見えない闇の部分があり、そこには闇の支配者たちがいます。血族の絆と申しますか、何代にもわたって血族に受け継がれる闇の王国の存在を、私たち一般人は知ることができません。でも、私たちが暮らすこの世界は、彼らが支配しているような気がするのです。

ロスチャイルド。私でも知っている名前です。

このロスチャイルドという名前は、一家が成功して引っ越しをした家の名前で、「赤い楯」[1]という意味だそうですよ。

ロスチャイルド銀行は、ドイツからスタートしました。家族経営の銀行ながら、国際銀行にまで発展したのです。ロスチャイルドの息子たち[2]は、まるで競争をするかのようにフランス、イギリス、オ

*1 ロスチャイルド家の基礎を築いたマイアー・アムシェル・ロートシルトが、一時期、赤い表札（ロートシルト）のついた家で暮らしていたため、これを家名とした。ロートシルトの英語読みがロスチャイルドである。

*2 次ページ参照。

ーストリア、イタリアへと向かい、各地で銀行業をはじめました。ロスチャイルド銀行[*3]は、血の結束で成り立っていたのです。

ユダヤ人の特長と申しますか、考え方と申しますか、ユダヤ民族は「大家族」という意識が強い民族だと思います。

私たち日本人はどうでしょう。民族意識は強いのでしょうか。第2次世界大戦のときには一丸となって外国と戦っていた気もしますが、今は「日本民族」という意識があまり感じられません。

現在は少し変わってきたように思いますが、かつてロスチャイルド家は、ユダヤ人を迫害する相手には、お金を貸さなかったといいます。その一方で、勝負師のようなところがあるのか、将来性を感じたならば、金利を低くしてもお金を貸したといわれています。

ロスチャイルド銀行は、私などが想像もつかない大金を今日も動かしているはずですが、「足並みがそろっていない」と書きたくなるから不思議です。偉大なる金融一族、ロスチャイルド家に何が起きているのでしょう。

***2** マイアー・アムシェルには5人の息子と5人の娘がいた。長男のアムシェルはドイツで本家を継承。次男のザロモンはオーストリアのウィーンで、3男のナータン（ネイサン）はイギリスのロンドンで、4男のカール（カルマン）はイタリアのナポリで、5男のヤーコプ（ジェームス）はフランスのパリで金融業をはじめた。娘たちの結婚については、できるだけ親族内にとどめ、富の流出を防いだという。

***3** 「ロスチャイルド銀行」という名称の銀行はない。ここでは、ロスチャイルド一族が運営・掌握するさまざまな金融機関と企業という意味であろう。なお、3男のネイサンは、N・M・ロスチャイ

「闇の支配者の社会でも、年齢による新旧交代劇[*4]が起きている」

だれかの声が聞こえました。

闇の支配者のなかには、白人以外は人間ではないとか、血族以外は劣った人間だと思っている人がいるようです。だとしたら、今のように人類が多すぎるのは、彼らにとって目障りかもしれません。

麻薬や強烈なドラッグをアメリカで、そして世界中で、今後ますます蔓延させる計画が進められているそうです。人口減少を進めるにはいちばん効果的であり、手っ取り早く思考力を低下させることもできます。日本もそのターゲットに入っています。

これからの戦争では、ドローンが活躍することでしょう。ウイルスによる生物兵器の開発も成功。グーグルのような機能や携帯電話には、私たちが知らない機能が埋め込まれる。なぜか、そんなことを書きたくなりました。今後の社会では、個人の動向がますます管理されるでしょう。そうした個人情報を闇の支配者たちが握っているとしたら、恐ろしいことです。

ルド・アンド・サンズという投資銀行をロンドンで設立した。

*4 2018年5月、当時37歳のアレクサンドル・ド・ロスチャイルドがN・M・ロスチャイルド・アンド・サンズの最高幹部に就任。ロスチャイルド家7代目の当主となった。ロスチャイルドと並び称される財閥、ロックフェラー家でも、「世界皇帝」と称されたデイヴィッド・ロックフェラーが2017年に死去し、甥のジョン・ロックフェラー4世が一族のトップとなっている。

ロックフェラー対ロスチャイルドの戦いが隅田川の屋形船の中でくり広げられた!?

今から130年前といえば1890年。このころ、すでに世界は「石油第一」の時代に突入していました。

当時の日本では、明治維新の動乱を機に急成長した財閥が、経済の主流を担っていました。三菱、三井、住友、安田は、4大財閥と呼ばれます。郵便汽船三菱会社と三井系の共同運輸会社が合併して日本郵船会社になったのが、1885年です。

ただ、この日本郵船という会社は、いったいどこの国のものだろうと思ってしまいます。

隅田川の決闘[*1]は、今も知る人ぞ知る出来事。ロックフェラー対ロスチャイルドの戦いが日本で起きたのですから、これを忘れると、日本の真実が見えなくなってしまいます。三菱財閥代表の岩崎弥太

*1 1878年8月、岩崎弥太郎が主催する舟遊びに、渋沢栄一郎が主賓として招かれたが、岩崎の経営思想（三菱の社規）を渋沢が批判したことがきっかけとなり、屋形船の上で口論となった。以後、ふたりの対立は三菱対三井の対立に発展した。やがて渋沢は、井上馨らに働きかけて、最新式船舶を備えた共同運輸会社を設立。これによって三菱商会は追い詰められたが、共同運輸も内部分裂した。そのさなかに岩崎が死去すると、共同運輸は三菱と合同して、日本郵船会社を創設した。

郎のバックにいるのがロックフェラー。かたや、三井財閥代表の渋沢栄一のバックにはロスチャイルドがいました。隅田川の屋形船での大喧嘩に勝利したのは、岩崎弥太郎でした。これをきっかけに日本郵船が誕生したのです。

第2次世界大戦後、GHQによって財閥が解体されるまでの日本経済は、財閥によって動かされていました。解体後も、旧財閥の流れを汲む企業が日本経済を牽引しつづけました。

財閥が日本を動かしているとき、ロックフェラー家とロスチャイルド家は、カスピ海、中東、湾岸地域のイスラム圏で、石油開発競争をくり広げていました。

そんなとき、ヨーロッパで第1次世界大戦[*2]がはじまりました。この戦争の前後、世界に6つあった「帝国」のうち、5つが次々と崩壊または大きく揺らいだのです。変わらずに残ったのは「アメリカ帝国」で、次の5つが消えました。

①オーストリア＝ハンガリー二重帝国

*2　1914年、サラエボでオーストリア皇太子夫妻が暗殺された事件をきっかけに開戦。その背景には、ドイツ・オーストリア・イタリアの三国同盟と、イギリス・フランス・ロシアの三国協商の対立があった。ヨーロッパを中心に、4年あまりにわたって激戦がつづいた。日本、アメリカ、中国なども参戦した。

②ロシア帝国
③オスマン帝国
④大清帝国
⑤大英帝国

この崩壊劇が世界を大きく変えていきました。

もしもロックフェラー家とロスチャイルド家が石油開発で競争さえしなければ、この5つは崩壊しなかったと私は思います。石油開発競争に勝利したのは、ロックフェラー家でした。

そして、1929年の世界恐慌[*3]の筋書きをつくったのはロックフェラー家だと、私は思っているのです。ニューヨーク株式市場は大暴落し、それを安値で買ったのが、ロックフェラー家やニューヨークの財閥たちでした。

ただ、こうした計画のつくり方も、今では大きく変わったことでしょう。スーパーコンピューターが、もっと強烈な仕組みといいますか、計画をつくれる時代になったと思っています。

*3 1929年10月24日と29日に、ニューヨークのウォール街で株式が大暴落し、資本主義諸国に影響が波及。アメリカの株価は80パーセント以上下落し、失業者数は1200万人にのぼった。また、1929〜1932年の間に世界貿易は70・8パーセント減少し、失業者は5000万人に達した。各国は封鎖的な経済政策を進め、それが第2次世界大戦の一因となった。

アメリカと日本の経済を動かしているのはロスチャイルド一族かもしれない

日本という国は、闇の支配者たちに牛耳られている気がします。働いても、働いても、アメリカに吸い取られてしまうような仕組みができていると思えるのです。

勤勉な性格の日本人。一生懸命に働いて、「人生はこんなものだろう」と思いながら、終わりを迎える人が多いように思います。世界の表舞台で名をあげる人。裏舞台で闇の支配者になる人。そして傍観者として人生を終える人。彼らの多くは、世界をつくる人々に翻弄されて生きている。そんな気さえするのです。

闇の支配者たちは、私たちの想像をはるかに超えた計画を立てているようです。

「日本が欧米に献上した巨額なドル資産」

なぜか、こんな言葉を書きたくなります。私たちが知らない闇の世界がきっとあるのでしょう。私は難しいことはわかりませんし、仕組みが理解できないので、うまくお伝えできるかどうかわからないのですが、書かせてもらいます。

民間銀行の集合体が米連銀。[*1]ドルの発行権を持つ米連銀は政府機関ではない。日本銀行は、株式の55パーセントを政府が保有。米政府は、株式を保有せず。

何を書こうとしているのかわからなくなりましたが、お読みくださる方のなかには、おわかりになる方がいるかもしれません。

「元日銀総裁が[*2]フレールの顧問になったことがあるので、ロスチャイルドと日本の関係が見える」

「ゴールドマン・サックス[*3]の上層部の動きが怪しい」

「アメリカにはふたつの政府あり」

「米連銀の株を握っている一族とは[*4]」

日本政府も、闇の社会と仲よくしているのかもしれません。

***1** 連邦準備銀行のこと。理事会の監督下にある12の地区連邦準備銀行から成る。米政府は米連銀の株式を所有しておらず、各米連銀が管轄する個別金融機関が出資義務を負う。

***2** 澄田智は、日銀総裁を退任後、フランスの投資銀行ラザール・フレールの顧問になった。同銀行は、ロスチャイルド家のマーチャント・バンカーといわれる。

***3** 投資銀行を中心とする国際金融グループ。ロスチャイルドの資本で動いているといわれる。

***4** モルガン・スタンレーとロックフェラー系の金融機関も株主になっているが、圧倒的に多くの株を所有しているのは、ロスチャイルド系の投資銀行だ。

アメリカの名門・ブッシュ家とローマ教皇との間には太いパイプがある？

デイヴィッド・ロックフェラー[*1]とパパブッシュ[*2]があの世に旅立ってから、闇の勢力は流れを少し変えた気がします。私たちが気づかない内部分裂を起こし、ようやく次なる方向性を見つけたように思えます。しかし、まだまだ落ちついてはいません。

闇の世界の全貌は、知ることができません。それゆえに、私の書くことが真実かどうかと聞かれたら、「わからない」としか答えられないのですが、なぜか書きたくなるのです。

ローマ教皇のお役目とは、いったい何でしょう。パパブッシュと縁が深いといいますか、ブッシュ家との間に太いパイプがあるようです。ただ、息子のブッシュ[*3]は、パパブッシュのように強硬に事を運ぶことはありません。また、パパブッシュのときほど勢力が強化

*1 149ページ参照。

*2 アメリカ合衆国第41代大統領のジョージ・H・W・ブッシュ。ブッシュ家は、20世紀から今世紀にかけて、ふたりの大統領とひとりの副大統領、著名な銀行家や実業家を輩出。アメリカでは、ケネディ家、ロックフェラー家と並ぶ名門といわれている。

*3 アメリカ合衆国第43代大統領のジョージ・W・ブッシュ。

されていなかったとも思えます。

ここで突然、「孫文」[*4]と書きたくなりました。孫文の教えを守っている集団が、何やら大きな計画を立てているのを感じます。

血統主義を打倒する勢力は、一日ごとに力をつけています。彼らは新たなる錬金術を考えつきました。

そう書きながら、「何だ、これ!」と、私自身が驚いています。いったい何を書いているのでしょう。

今までは一枚岩だった組織が、ふたつに割れるかもしれません。血統主義を崩壊させる仕かけが完成しそうなのです。

「スーパーノート」[*5]とはどういう意味なのでしょうか。

「きわめて精巧な偽ドルがつくられている」

「闇の世界の資金源は偽ドルだった」

世界通貨構想のなかに偽ドルが入っていたとしたら、どうなるのでしょう。今度は「CIA」[*6]と書きたくなりました。CIAが偽ドルをつくっているはずはないと思いますが。

＊4 中華民国の政治家・革命家。五族共和を唱えたが、その内容は「満、蒙、回、蔵をわが漢族に同化させて一大民族主義国家となさねばならぬ」という、民族浄化に近いものであった。

＊5 きわめて精巧につくられた100米ドル紙幣の偽札のこと。

＊6 スーパーノートは北朝鮮で製造されているとの噂があったが、ドイツの日刊紙「フランクフルター・アルゲマイネ・ツァイトゥング」は、CIAが製造している可能性が高いと報じた。

大富豪たちがロックフェラー財閥に挑戦状を突きつけようとしている

世の中には、想像もつかないような大富豪がいます。ビル・ゲイツことウィリアム・ヘンリー・ゲイツ3世やウォーレン・エドワード・バフェット[*1]のように一代で財を成した超大富豪もいます。そういう人たちの人生観を直接お聞きしてみたくなります。

アメリカという国では、今でもロックフェラー家の息のかかった人々が官僚になっていて、有名な大富豪たちを常に監視下に置いているように思います。ビル・ゲイツもそのひとりです。

うまくお伝えできるかどうかわかりませんが、ロックフェラー財閥に挑戦状を突きつけようとしている大富豪たちの存在を感じます。彼らは、自分たちの死後、悲劇的な事件によって自分たちの功績が消されるのは断じて許せないという思いから、私たちが知り得

*1 アメリカの投資家・経営者で、世界最大の投資持会社バークシャー・ハサウェイの筆頭株主。純資産は823億米ドルといわれている。

ない世界で、ロックフェラー家に矢を射かけようとしています。

アメリカの相続税[*2]はどうなっているのでしょうか。大富豪たちにとって相続税は、「凄まじい試練」と認識されているようです。

米国税庁と書きたくなるのですが、ビル・ゲイツが呼びつけられたことはありますか？　通貨当局[*3]ってどんなところでしょう。ビル・ゲイツと関係があるような気がします。

一代で大富豪になった人が亡くなると、相続税で狙い撃ちされそうにも思います。ビル・ゲイツが財団をつくった裏側には、死後のことがあるようです。

「カーネギー・ゲッティ・ハワード」と、だれかの声が聞こえました。意味は不明ですが、人の名前のようです。彼の生前か死後かに、悲しい出来事があったのかもしれません。

ペンタゴン、NSA[*4]、グーグルが仲よくなると、何が起こるのでしょうか。NSAと書きはしましたが、どういう意味なのかはわかりません。

*2　アメリカでは、相続税の基礎控除額は13億円。通常は夫婦合算となるので、26億円までは非課税だが、それを超すと一律40パーセントの相続税がかかる。

*3　経済・金融を担う政府当局と中央銀行のこと。アメリカなら財務省と連邦準備銀行が、これに当たると思われる。

*4　アメリカ国家安全保障局の略称。国防総省傘下の情報機関で、通信傍受や暗号解読などを任務とする。CIAより予算が多く、職員は数万人といわれる。通信傍受システム「エシュロン」の運営主体だと指摘されるが、アメリカ政府はこれを認めていない。

コロナ禍による経済の冷え込みは闇の支配者たちも予測できなかった！

「世界経済を牛耳る人々」

こんなタイトルで原稿を書いてみたくなるのですが、私たちは、闇の支配者の存在を知ることはできません。

しかし、さすがに彼らも、新型コロナウイルスによる経済の冷え込み[*1]は読めなかったと思いますし、そのことが今後の経済にどう影響するのかに興味が湧いてきます。

中国の上層部のある人が、新型コロナウイルスはアメリカの仕業だと発言したそうです。それが真実かどうかはわかりませんが、もしもウイルスを仕かけた人がいるとしたら、今の流れを見ると、その人の計画どおりには進んでいないように思います。新型コロナウイルスがいつ収束するのかは、だれにも予測できないでしょう。

*1 国際通貨基金（IMF）が2020年6月に発表した試算によれば、新型コロナウイルスによる世界の経済損失は、2年間で12・5兆ドル（約1300兆円）に達する見込み。

HIV、SARS、インフルエンザが、人工的につくられた生物兵器だといった人もいるそうです。

HIVウイルスが発見されたのは1983年です[*2]。翌年には治療薬開発の可能性が見いだされ、アメリカの博士が開発に成功しました。この博士は、少なくともHIVが発見される12年前ごろに、動物のHIVウイルスを混合して、人間にガンを発症させる研究をしていたようです。また、これとは別に、1950年代には、アフリカのミドリザルの血液からHIVウイルスを抽出する実験をしていた博士がいたようなのです。

もしかしたら闇の世界では、生物兵器の研究をすることが当たり前なのかもしれません。アフリカとアジアでのみ発生したエボラ出血熱とSARSは、有色人種が感染しやすいそうです。そんなことを耳にすると、生物兵器の開発は現実のことかもしれないと思いたくなります。鳥インフルエンザのときは、特効薬のタミフルで、大儲けした製薬会社[*3]がありましたからね。

*2 フランス、パスツール研究所のリュック・モンタニエとフランソワーズ・バレシヌシらが発見した。翌年にはアメリカ国立衛生研究所のロバート・ギャロらも分離に成功。ギャロが、ヒトにガンを発症させる研究をしていたかは不明だが、アメリカ国立ガン研究所に30年、勤務していた。

*3 スイスのロシュ社。バーゼルを本拠地とする世界的な製薬・ヘルスケア企業である。1996年から2016年まで、アメリカのギリアド・サイエンシズ社よりオセルタミビル（タミフル）の製造専売特許を取得し、主力商品としていた。

「M資金」はGHQに渡る前にかなりの金額が日本国内に消えた!?

こんなことを書いてもいいのかなあ……。

第2次世界大戦中、日本軍が国内外で接収[*1]した金銀プラチナやダイヤモンドって、どこへいったのでしょうね。私の母は、仏壇の中にあった金のお鈴や貴金属を没収されたと話していました。

戦争のまっただなかで、いったい何のために貴金属が必要だったのでしょう。貴金属をお金に換える方法とは、どんな方法だったのでしょうか。日本軍は、国内だけでなく、中国や東南アジアなどでも接収していたのですから、かなりの資産になったと思います。

このときの資産は、敗戦と同時にGHQに渡ったといわれているようですが、どうも一部だけだった気がして仕方がありません。なんらかの理由で政治家に提供されていた。こんな思いを抱いてしま

*1 第2次世界大戦中には、戦局の悪化と物資の不足が深刻となり、とくに武器生産に必要な金属を調達するため、金属類回収令が公布された。マンホールの蓋、学校の暖房器具、各地の銅像から、家庭の鍋釜、店の看板、金銀、時計、指輪、ネクタイピンなども回収の対象になったという。

うのです。

「M資金」[*2]という名で呼ばれるようになったのは、この資金が敗戦と同時にGHQの管理下に置かれ、そのときの担当少将の名前がマーカットだったからだそうです。

旧日本軍が集めた巨額資金は、GHQに渡る前に、かなりの額が闇に消えた。それも日本国内に。

もしかすると、戦後すぐに活躍した政治家か、現在大企業になっている会社の資本になったのかもしれません。あるいは、私たちの知らない「日本政府」が、今もどこかで地下経済を運営しているという思いもよぎります。

地下経済[*3]という言葉の意味はよくわかりませんが、私たちには表面だけしか見えていないのかもしれません。

消費税率が10パーセントになりましたが、私たちの役に立っているのでしょうか。未来の子供たちに、借金を押しつけることだけはしたくありません。

*2 GHQが、占領下の日本で接収した資産などをもとにした資金の総称。ダグラス・マッカーサーの側近のひとりであり、GHQの経済科学局長を務めたウィリアム・マーカットのイニシャルを取ってM資金といわれている。ただ、M資金の存在が確認されたことはなく、フィクションとして扱われている。とはいえ、M資金をかたる詐欺の手口が存在する。

*3 脱税、麻薬、密輸など、公式の経済統計には表れない違法な経済活動。アングラ経済ともいわれる。

政財界や金融業界、ITの分野で活躍する華僑と印僑の動きに注目を

「華僑」や「印僑」という、世界を動かすグループがいます。

中国籍を持ちながら外国で活動している人々を華僑と呼び、現地に定着した人々は華人、華商と呼ばれることもあります。

こうした人たちの多くは、清朝末期のころと共産党政権が発足したころに、活動の場を求めて中国を後にしたのです。山岳に暮らす漢族の一支流、客家《はっか》[*1]の出身者が多く、台湾の李登輝《りとうき》元総統やシンガポールの元首相リー・クワンユーも客家出身です。また、福建省の出身者で華僑になった人も多いのです。世界の華僑は、少なくとも4000万人以上[*2]だといわれています。

アメリカでのロビー活動によって、政財界にかなりの影響を与えている華僑の人たちがいます。アメリカの鉄道建設[*3]のとき、中国か

*1 「客家」とは「よそ者」の意とされる。彼らの伝承によれば、4世紀の永嘉の乱、9世紀末の黄巣の乱、17世紀の明の滅亡などを契機に、黄河流域の漢民族が南下して広東省北東部、福建省、江西省地域などに定着し、先住の漢民族から客家と呼ばれるようになったのがはじまりだという。

*2 そのうち約80パーセントが東南アジアに居住している。

*3 1869年に開通した大陸横断鉄道のこと。1865年に奴隷制度が廃止されたため、それに代わる労働力として中国人がアメリカに移住した。

ら労働者としてやってきたのです。

彼らの次なる目標は、華人と呼ばれる人のなかからアメリカ大統領を出すことです。

カナダでは、中国系の総督が誕生したことがあります。[*4]総督とは、イギリス女王の代理の地位を指すのですから、すごい能力の持ち主だったのでしょう。

印僑は、19世紀にインドがイギリス領だったころ、労働者として海外へ進出した人々の末裔が中心で、興味深いことに、ゾロアスター教徒が多いそうです。金融に天才的な能力を発揮する人や、ＩＴの分野で大活躍する人も多くいます。

こうした人のなかには、陰で政財界を動かすだけの力をつけた人もいて、さまざまな策略をめぐらしているのです。

*4 第26代カナダ総督、エイドリアン・クラークソン。史上初のアジア系総督で、ふたり目の女性総督。香港生まれだが、太平洋戦争によって香港が日本に占領されたため、一家でオンタリオ州に移住した。在任期間は１９９９〜２００５年。

勘をよく働かせるためには、ぐっすりと眠ることが大切です

世の中に、寝るより楽は、なかりけり。

寝床に入ると、いつもこのように思います。今日もこうして眠りにつくことができて、「ありがたい」とも思います。

目が覚めたら、今日とは違う何かが待っているかもしれません。今日は今日、明日は明日としてお心を整理されると、眠りにつきやすいのでおすすめです。

眠る前に心配事で頭をいっぱいにすると、心配事が現実になり、大きな問題に発展しやすいものです。心配事があるときは「○○のことは明日、考えます」といってから眠ると、次の日に解決方法が見つかることが多々ありますので、これもおすすめです。

私たちにとって、睡眠はとても重要なことです。「今日は勘がよく働くなあ」と思えるのは、しっかりと睡眠がとれた日がほとんどだと、私は感じています。

だから、寝具にはもちろん気を配りますし、眠りやすい環境をつくるようにしています。静かなクラシックをかすかに聞こえるくらいの音量にセットし、ほのかな明かりのスタンドを照明にして、お気に入りのアロマを漂わせ、パジャマも寝返りがしやすい素材のものを選びます。

眠る前は、今日も生きられたことに感謝して、地球さんにお休みのご挨拶をして、「今日も一日ありがとう」といってから、何も考えずに眠ります。

明日、ご自分の勘に働いてもらいたいと思われるなら、今日はぐっすりと眠ることを重視してください。


それとね。

「幸せになりたい」と思うことがあったなら、幸せってどんなことを指しているのかを、よく考えてみてほしいと思います。

人間というものは、平穏な日々ばかりがつづくと退屈してしまうのか、「幸せになりたいなあ」と呟いたりします。


幸せって、足ることを知り、ご自分が健康で、大切に思っている人たちも健康で、平凡ながらも穏やかに暮らせることではないでしょうか。

人生ですから、問題が起きることもあるでしょう。でも、よく考えてみると、不幸すぎる日というのは少ない気がするのです。

第６章

古代の謎と空からの訪問者

『聖書』の舞台となった
古代イスラエル、
４大文明発祥の地である
エジプトやメソポタミア、
さらには幻の大陸にまつわる不思議を探訪。
近い将来、日本にＵＦＯが飛来する可能性も!?

ダビデ王が設計した黄金の神殿は、2体のケルビムに守られていた

古代イスラエルには、純金で覆われた神殿があったと、不思議な世界の方が話されます。ダビデ[*1]が作成した図面をもとに、建造した神殿だそうです。

この神殿の大きさは、耳を疑いたくなるほどです。奥行き[*2]約30メートル、幅約10メートル、高さ約15メートル。純金で覆われた神殿にしては大きいと思いました。

7年と3か月をかけて築かれた神殿。その中に置かれたケルヒム[*3]の高さは5メートルもあり、もちろん純金で覆われています。しかも、2体あったそうです。

不思議な世界の方に教えられるまま「ケルヒム」と書いていますが、人なのか動物なのかもわかりません。

*1　ダビデは、古代イスラエルの王。『旧約聖書』の「サムエル記」と「歴代誌」によれば、ダビデ王は神殿を建てたいと願ったが、神はそれを許さなかった。ダビデは設計図を作成したが、建造は次の王ソロモンにゆだねられた。

*2　「列王記」によれば、神殿の規模は、奥行き60キュビト、幅20キュビト、高さ30キュビト。1キュビト＝445ミリとすると、奥行き約27メートル、幅約9メートル、高さ約13メートル。

*3　『旧約聖書』に登場する「ケルビム」のことだろう。神の玉座や聖なる場所を守る超人的存在だ。ソロモン神殿では、契約の箱

レバノンの森には黄金が眠っていたようです。ソロモンは、ダビデに負けじと、純金づくしの生活をしていたとか。

レバノンの森の近くには、今もまだ黄金が隠れているとも教えられました。

「膨大な黄金郷、ヌビア[*4]」

あれ、レバノンの森ではないのでしょうか。でも、疑うことはやめて先に進みます。

急に部屋が静かになり、別の声が聞こえてきました。

「アフリカ東部の紅海の下」

「プトン[*5]は掘りつくされたが、紅海には夢がある」

「シバ[*6]の女王も純金が好きだったが、産出する場所を封印してしまった。北イエメンの砂漠の下に眠っている」

「砂金と砂漠の砂が入り混じり、太陽の光が当たると黄金の輝きを放っていた」

このお話が本当だとしたら、黄金は現在も砂漠に眠っていること

の左右に立っている。カトリックでは「智天使」と訳し、天使のひとつとされる。

*4 ヌビアは、エジプト南部からスーダンにかけての地域。古くから金の産地であり、その地名は古代エジプト語で金を表す「ヌブ」に由来する。

*5 エジプトの南東、紅海の南岸に存在したといわれる国「プント」のことだろう。金や香料をエジプトに輸出していたという。

*6 「列王記」などに登場する伝説的人物。ソロモン王を訪ねて贈り物をしたと伝えられる。なお、シバとは、イエメンのマーリブを中心とする地域の古名である。

になりますね。

不思議な世界の方が話されるには、ダビデ[*7]の紋章は、伊勢神宮にもあるそうです。

この紋章は、△と▽が重なりあって、できています。

ふたつの三角形の頂点を線で結び、交わった点を数えると、12になりました。この数字には、意味があるような気がします。

12といえば、1年は12か月。[*8]ほかに何があるのでしょうか？

国の数？　う〜ん、ちょっと違う。部族？　ダビデの紋章には、深い意味が隠されているに違いありません。

「ユリ[*9]の花を愛した部族がいた」

何を書いているのかと思うものの、私もユリの花は大好きです。

「スサンナ[*10]」

だれかの声がしました。スサンナというのは、女性の名前にも聞こえます。

ダビデに興味のある人は多いように思うし、何か深いものを感じ

*7 かつて伊勢神宮の内宮参道に、ダビデの紋章（六芒星）が刻まれた灯籠（信者団体が寄進した物）が並んでいたが、老朽化にともない、撤去・交換された。

*8 『旧約聖書』には、古代イスラエルの12支族が記されている。

*9〜10 『聖書』の「ユリ」は、「神に選ばれた者」の象徴であり、ヘブライ語で「ショーシャン」という。ここから「スザンナ」という女性名が生まれた。

*11 『旧約聖書』の「詩編」には、「ユリの花の調べに合わせて」という作品がいくつか出てくる。どんな調べであったかは不明だが、おそらく当時、よく演奏されてい

る人も多い気がします。

「ユリの花の曲」*11 というのがあるそうです。

ソロモン宮殿には、だれが住んでいたのでしょうか。

「この宮殿の柱にもユリの花がある」*12

今、だれかがいいました。

本当にユリの花があるのかどうか、私にはわかりません。でも、聞こえたことや見えたことを疑いはじめたら原稿が書けなくなるし、楽しみ事が終わってしまいます。

「ミクタムの歌の内容を知りなさい」*13

こんな歌ってあるのかなぁ？　歌の内容を知ると、ダビデの紋章のことがわかるのかもしれません。

「ダーウィド」*14

女性が呼んでいます。まるで母親が息子を呼んでいるように、私には聞こえました。

ダーウィドとは、だれなのでしょう。


たのだろう。

*12 ソロモンの神殿の入り口には、ヤキンとボアズという2本の柱がある。「列王記」によれば、この柱の頂に、ユリの花の意匠が施されている。

*13 「詩編」には、ダビデ王の作とされる「ミクタム」（この言葉の意味は、研究者の間でも定説がない）が6編ある。いずれも、古代イスラエルの人々が味わった辛苦を歌ったもの。

*14 ダーウィドは、ダビデのヘブライ語。これがダビデ王を指すとしたら、その母親は、ニゼベットという女性だと、『タルムード』に伝えられている。

古代イスラエルの「天から降るパン」は、樹液を吸った虫たちの排泄物かもしれない

牧者のしるしである杖。

民を導くために、部族長は杖を持っていたのです。

モーセ[*1]が杖を投げると、蛇に変わりました。

12の支族長の杖の威力はすごい。レビ[*2]の杖からは芽が出て、葉が茂り、花が咲き、実ができました。

杖に実をつけた木はシャケド[*3]。

枯れたはずの杖に葉が茂り、花が咲き、実を結ぶというのは、私にしてみれば、奇跡だとは思えません。なぜなら以前、切った枝が枯れているのを確認した後、ほかの切り花と一緒に花瓶に挿しておいたところ、数か月後に葉が生え、根も出てきたことがあるからです。でも、土に戻したら、枯れてしまいました。

＊1 この場面は『旧約聖書』の「出エジプト記」にあるが、杖を投げたのはモーセではなく、兄のアロン。モーセは、主の言葉に従い、「杖を取って、ファラオの前に投げよ」と、アロンに命じた。

＊2・3 『旧約聖書』の「民数記」によれば、主の命令により12支族長の杖が幕屋に持ち寄られた翌日、レビ族の長であるアロンの杖に、アーモンド（ヘブライ語でシャケド）の芽が出て、花が咲き、実がついた。これにより、レビ族は祭司を務めることになった。

＊4 マナとは、『旧約聖書』に出てくる不思議な食物で、「白くて、蜜の入ったウエハースのような味」と記されている。この食物の

モーセの杖が蛇になったとしたら奇術かもしれませんが、モーセを冒瀆するつもりはありません。今も昔も、神秘なる世界では、見る者の心に神が宿ることがあります。

古代イスラエルには「天から降るパン」もあったようです。

マナ[*4]という名の木に、虫がいました。虫はマナの樹液を吸い、不必要なものは排泄しました。その排泄物は、乾くと白くなり、地上に落下していきました。もしかすると古代イスラエルの人々は、この白い物を「天から降るパン」といったのかもしれません。

「マーン・フー[*5]」

だれかがいいました。マナが出てきたり、モーセが出てきたりして、今日も楽しいひとときを過ごさせていただきました。

イスラエルとアラブの境から荒野を望むと、大昔の人々が信じた神を、私たちも理解できるかもしれません。

イスラエルの国章と「あめどう[*6]」の関係は？　なぜか知りたくなりました。

正体については、リンゴのような果実という説やキノコという説のほか、カイガラムシやアブラムシなど、樹液を吸う虫の排泄物という説もある。実際、西アジアの遊牧民は、これを採取して食べることがあるという。

*5　ヘブライ語で「これは何だろう？」という意味。「マナ」の語源になったといわれる。

*6　アーモンドの別名「あめんどう」を指すと思われる。イスラエルの国章に採用されているメノラー（燭台）は、アーモンドをモデルにしたとの説がある。アーモンドの木や花は日本のサクラによく似ており、どちらも春を告げる花として愛されている。

ツタンカーメン王にはふたりの子供があり、弓や靴には十六菊花紋が刻まれていた？

ツタンカーメン王[*1]には、たくさんのミステリーが秘められているような気がします。18歳の若さでこの世を去りましたが、9年間、在位していたというのですから、ますます神秘的です。

墓[*2]が発掘されたとき、内部にはあふれんばかりの金銀財宝があったといいます。後継者たちがツタンカーメンの呪いを恐れ、その霊を鎮めるための供物としたのでしょうか。

また、ツタンカーメンが甦ることのないよう、黄金のマスクをつけた人形棺を石棺の中に封じ込めたと思えるのです。

もしかすると、彼には後継者となるべき子供[*3]がいたのかもしれません。しかし、王座を欲する者が、彼の妻子を抹殺したようにも思えます。

＊1 古代エジプト第18王朝のファラオで、在位は紀元前１３３３年ごろ〜前１３２４年ごろ。

＊2 １９２２年に墓が発見された際、副葬品などがほぼ完全な形で出土したため、大きな話題となった。

＊3 ツタンカーメンの墓には、２体の子供のミイラが一緒に葬られていた。そのうち大きいほうは、DNA鑑定によってツタンカーメンの娘であることがわかった。小さいほうは、防腐剤などの影響により鑑定が不能だったという。

「ツタンカーメンの弓や靴には十六菊花紋*4がある」

なんだ、これ？　急にこんなことを書く自分が奇妙に思えます。

ツタンカーメンの黄金のマスク。あの顔立ちが彼そのものだとしたら、口元が凜として、なかなかの美男です。いつも気になるのが顎の下についている筒。この筒は何を意味しているのでしょう。

「黄金のマスクは、3重*5になっていますよ」

本当ですか？　今聞こえたことをそのまま書いてみました。

墓の壁画には、天の女神ヌトが、ツタンカーメンを息子として歓迎する絵があるとか。

壁画に書かれている象形文字は縦書きで、壁画に描かれたコブラが、読む方向を表していると、不思議な世界の方が教えてくださいました。この壁画には容器、パン、空、かご、椅子、コップ、布を巻きつけた柱、人間の目、かんぬき、波、狐の皮、足、胎盤、口と鼻、目と頬、乳房、平地と砂粒も描かれているそうです。

今、不思議な世界の方が、私が書くスピードに合わせて、ゆっく

*4 ツタンカーメンの靴ではないが、トトメス3世の王妃のサンダル（副葬品）には、かかとの部分に十六菊花紋が認められる。

*5 ツタンカーメンのミイラは、3重の人型棺に覆われ、さらに石棺に納められていた。内側の部分は純金製である。

りと話してくれています。

「ヌト女神[*6]は、自分が産んだ者に挨拶して、鼻に健康と生命を与えたことを伝えた。あなたは永遠に生きよ、と」

そのように刻まれているそうです。

不思議な声が部屋中に響きわたります。今まで聞こえていたモーツァルトの名曲が聞こえなくなりました。私の体中に声が広がり、ようやくハッキリと言葉が聞き取れるようになりました。

「ネブ[*7]　ケペル　ラー」

「ネブ　タウイ　ネブ　ケペル　ラー　ティ　アンク　ジェト　ネヘフ」

もちろん、何語なのかも意味もわかりません。でも、永遠の命を授かった気になりました。

この言葉は、読者の皆様にも捧げたいと思います。今このときを一生懸命に生きると、永遠に命がつづくということを教えてくれたのだと思うからです。

***6** エジプトの「死者の書」には、ファラオが女神ヌトと一体化したとき「あなたの鼻は生命と力を備えて定まり、あなたは生きる、あなたは日ごとに若返る」と記されている。

***7** 「ネブ　ケペル　ラー」はツタンカーメンの王名で、「ネブ　タウイ」は「2国の王」。ツタンカーメンは上下両エジプトを支配したため、このように表したのだろう。「アンク」は「生命」、「ジェト　ネヘフ」は永遠を象徴する男女一対の神で、「ジェト」は男神、「ネヘフ」は女神である。全体として、「2国の王、永遠の生命の似姿であるツタンカーメン」というような意味となる。

エジプト最後の女王クレオパトラは催眠術師で語学の天才だった⁉

「ナイルの魔女」[*1]と呼ばれるクレオパトラの肖像画を知りませんか？　壁画に残っていたと思います。

クレオパトラという名前は、私たちがすぐに思い描くクレオパトラだけではなかったと、不思議な世界の方がおっしゃいます。

アレクサンダー大王[*2]の継母と姉もクレオパトラ。そして、エジプト[*3]の女王にも何人かいたそうです。

そのなかでも、エジプト最後の女王クレオパトラの存在は、私たちの胸にぐっときます。

私などはクレオパトラと聞くと、エリザベス・テイラーが浮かんできます。テイラーの美しさによって「絶世の美女」というイメージが植えつけられているのです。抜けるように色が白く、肌の美し

*1　カエサルとアントニウスという、ローマを代表する将軍を魅了したクレオパトラは、ローマ市民から「ナイルの魔女」「娼婦女王」などと呼ばれたようだ。

*2　アレクサンダー大王の継母はクレオパトラ・エウリュディケ。また、「マケドニアのクレオパトラ」と呼ばれる姉がいる。

*3　古代エジプトの歴史を調べると、「クレオパトラ」という名の女王が全部で7人いる。

い女性だったと、不思議な世界の方に教えていただきました。

ただ、私が以前、不思議な世界の方に見せていただいたクレオパトラは、色白で背の高い女性ですが、絶世の美女ではありませんでした。むしろ、着ている衣装をみすぼらしくすると、ただの冴えない女性に見えました。

トルコ石をすりつぶして目のあたりに塗るのは、虫除けのためです。さらに黒いラインで縁取りをして目を際立たせると、女性は化けられます。

現代でも、お化粧がうますぎて、素顔になるとだれだかわからない女性がいます。クレオパトラが美人だというのは、このことと似ている気がします。

女性の魅力って、いったい何なのでしょうね。アントニウスが捨てたオクタヴィア[*4]は、だれもが驚くほどの美人だったと、不思議な世界の方に教えていただきました。

カエサルやアントニウスをとりこにしたクレオパトラの魅力と

*4 オクタヴィアは夫に忠実なよき妻であり、ローマ女性の美徳のシンボルとされている。現存する彫像などを見ると、確かに美人だ

は、どのようなものだったのだろうと思っていたら、まるで歌でも歌っているかのような、心が穏やかになる語り口で、こんな言葉が聞こえました。

「トログロデュタイ人[*5]」

何だ、これ？　と思うのですが、もしかしたらクレオパトラの声[*6]には、人の心を鷲づかみにする威力があったのかもしれません。

クレオパトラは、不思議な力を神から与えられていたようです。今でいう催眠術です。

彼女は、必ず右の指をかすかに動かしながら相手の目を見ます。色白の顔にピンクの頬。目もとにはブルーと黒の縁取り。その目はピクリとも動かず、口もとだけがほほえんでいるかのようです。

そして、相手の呼吸に合わせて静かに語りかけると、ほとんどの人は、心を読まれた気がするというのです。

相手しだいで声音までも調節していた天才美女。それがクレオパトラだったようです。

ったことがわかる。

＊5　エチオピアの紅海西岸に居住していた人々。トログロデュタイとは「洞窟の住人」を意味する言葉だ。歴史家のヘロドトスによれば、トログロデュタイ人は馬よりも速く走り、トカゲなどの爬虫類を食べ、コウモリのつぶやきのような言葉を話したという。クレオパトラが語学に堪能だったことは有名で、地中海沿岸で使われていたほとんどの言葉を自在に話したといわれている。

＊6　さまざまな研究者たちが、クレオパトラの最大の魅力は美貌ではなく、心地よい声と話し方であったと指摘している。

日本人と日本語のルーツはヒマラヤ山脈に隠されている？

今、不思議な世界の方が、ヒマラヤ山脈の写真を見せてくださいました。写真の下に「ゼム氷河[*1]」とあります。私の知識にはない言葉です。

何年か前にもこの写真を見せてもらったように思い、もう一度見直すと、ゼム氷河という文字が消えて「レプチャ語[*2]」という文字になっていました。

このヒマラヤのどこかに、日本人のルーツにかかわるものが隠されている。急にそんな思いが込みあげてきました。

だれか知りませんか、レプチャ語のことを。先ほどの写真では、ヒマラヤ山脈を背景に歩いている人の顔が、日本人にそっくりでした。話している言葉も、どことなく日本語に似ていたのです。

***1** ネパールとインドのシッキム州との国境にそびえるカンチェンジュンガ山（標高8586メートル）の東側に位置する谷氷河。

***2** シッキム地方に古くから居住するレプチャ人の言語。シッキムを中心に、ネパール東部、ブータン西部、インド西ベンガル州のダージリンなどで話される。ロン語ともいう。チベット・ビルマ語派に属するが、同系統の諸言語との関係については定説がない。

大昔、このあたりに住んでいた人々がガンジス河を下り、ベンガル湾の海岸を一歩一歩、踏みしめながら歩き、ついには九州の佐賀にたどりついたとしたら？　あの吉野ヶ里遺跡をつくった人々のご先祖様が、じつはレプチャ語を話す人々だったのでは、と思ってしまいました。

不思議な世界の方に見せていただいた写真は、子供のころに見た日本の光景や人々の顔にそっくりでした。

そんなことを思ったとき、賢そうな女性の声がしました。

「あれは東ヒマラヤ連峰です。レプチャ語は、人間の言葉のなかで最も美しい言語で[*3]、人を罵ったり、傷つけたりする言葉がありません。日本語も昔はそうだったのですよ。

日本語ほど多くの国の言葉が入り混じって生まれた言葉はありません。レプチャ語、チベット語、サンスクリット語、北方語、マレー語、ヘブライ語、スペイン語と、数えるだけでも多すぎて、まだ何かを忘れているような気にさえなります」

*3　1876年に『ロン（レプチャ）語文法』を編纂したイギリスの軍人で、ベンガル州駐屯軍司令官だったG・B・マネリングは、レプチャ人とその言語について、次のように語ったという。
「レプチャ人は、じつに平和なおとなしい民族である。それは彼らの言葉に、愛情と同情を示す言葉はじつにたくさんあるが、人を罵る言葉がないことからも明らかである」

お話を聞きながら、私は集落のような場所を散歩していました。どこまでが夢なのか、頭の中がフワッとしていました。

レプチャ語は、発音も意味も日本語に近いとのことです。『万葉集』『古事記』『和名類聚抄《わみょうるいじゅしょう》』を読み解き、レプチャ語やチベット語と比較すれば、古代人の種族が日本列島にやってきたことがわかるそうです。

安田徳太郎[*4]さんという人に会ってみたくなりました。と申しますのは、不思議な世界の方がこの名前をいわれたからです。

感性が豊かで、頭脳が鋭い方のようです。不思議な世界の方は、この人の理解力を大変ほめておられます。どうやら亡くなっているようですが、この世でもう少し安田徳太郎さんが時間を持てたら、もっと核心に触れていたように思います。

『万葉集』には、古代日本人の心が詰まっています。奈良時代、日本ではミカンをタチバナといっていたとか。このあたりに、レプチャ語と日本語のつながりが発見できるのかもしれません。

*4 安田徳太郎（1898〜1983年）は、京都帝国大学卒の医師で歴史家。1955年に上梓した『万葉集の謎』がベストセラーとなり、万葉集解読ブームを巻き起こした。この書籍には、レプチャ人と日本人の共通点や、万葉集の言葉をレプチャ語で解読した内容が掲載されている。たとえば、レプチャ人も日本人も子供を「おんぶ」するが、これは世界でも珍しい風習であること、また、「おんぶ」はレプチャ語で「ボンボ」だが、日本の一部の地域でもこのようにいうことなど。こうした例を数多く取りあげ、日本人のルーツはヒマラヤ山脈のシッキム地方にあると結論した。

メソポタミア文明を担ったシュメール人は、ほかの惑星からやってきた異星人だった!?

シュメール人は異星人だった。

最近、この言葉が頭から離れないのです。

人類最古の文明といわれるシュメール文明。ティグリス・ユーフラテスという大河に挟まれた地に、メソポタミア文明が誕生したことはご存じだと思います。そのメソポタミア文明の初期の担い手はシュメール人だったと、不思議な世界の方はいわれます。

シュメール人は、ピタゴラス[*2]の定理を1000年も前に知っていて、電池ツボや電気メッキも使っていましたし、ジグラット? 何それ……。塔を建てるのが大好きだった……。

自分でもよくわからないことを書きはじめていますが、あの砂漠に暮らしながらレンガを考えついたのですから、やはり異星人だっ

***1** シュメール人の民族系統はいまだに不明で、いわば忽然とメソポタミアに現れたため、一部で異星人説が唱えられている。

***2** バビロン第1王朝時代（前18 30〜前1530年）の粘土板には、「ピタゴラスの定理」の研究記録がある。「電気ツボ」とは、1930年代にバグダッドで発掘された壺のことだろう。素焼きの壺に、銅の筒と鉄の棒を入れたもので、1938年、イラク国立博物館のドイツ人研究者が、この装置がガルバニ電池である可能性を論文で示唆した。また、壺が出土した近辺では、めっきを施されたとしか思えない装飾品が見つかっている。

たのかもしれません。

　これから書くことをフィクションと考えていただいても、真実かもしれないと思っていただいてもかまいません。

　想像してみてください。

　光の矢が向かった先には、地球がありました。広々とした大地の各所に目をやると、人々の群れが見えます。

　地球に降り立った彼らは、食糧を求めてそれぞれが移動を開始しました。彼らの外見は、現地人とまったく同じです。どこの星からやってきたのやら。

　やがて彼らは、ナイル河畔、ヨルダン渓谷、シリア、トルコ東部、地中海のアジア側沿岸、メソポタミア、ペルシア、インダス渓谷、中国の黄河流域に定住しました。

　樹木の枝葉と粘土を材料にして家づくり。最古の都市ジェリコ[*3]は彼らの作品。狩猟と採集をしながら暮らしていた地球の先住民族とは、まったく違う生活をしていたのがきっとわかるはずです。

*3　エルサレムの北東約20キロに位置する古都。エリコともいう。中石器時代（前9000年）には狩猟民族が集落をつくり、新石器時代には町となった。前7000年には、北方から移住してきた人々が方形多室の住居をつくった。『旧約聖書』にたびたび登場する場所としても知られている。

*4　この文章について調べたところ、「ウル滅亡哀歌」と呼ばれる

もしかすると、私たちは異星人の子孫かもしれません（笑）。

シュメールには、予言の書が残されているとも教えられました。聞きとれたことを書いてみます。どうやら詩のようです。

「一陣[4]の突風が時代を変える。町々は廃墟となり、家畜を囲った柵の牛は姿を消し、運河の水は苦く、草原には嘆きの草だけ。子守唄が聞こえてこなくなり、王は国を捨てる。アンシャンの果てに、故郷は異国の土に。ユーフラテス・ティグリスには雑草だけ。草原を駆け抜けていた野獣たちも死に絶え、池は干上がり、果樹は枯れた」

今、シュメールの予言が人類への警告として浮上します。

シュメール文明について、一度お調べください。愚かな私たちは、同じ過ちをくり返そうとしているように思えます。

風の神エンリル[5]の力は、年々強くなるでしょう。現代人の中に、エンキ[6]神の心を持つ者がいるでしょうか？　この地球が、人類絶滅に向けて動きはじめる前に、ひとりでも多くの人が、自然界に生かされていることに気づかなくてはいけません。

詩歌であることがわかった。シュメール人が建てたウル第３王朝（前22〜前21世紀）は、末期に外敵の侵入を受けて滅亡した。そのときの様子が、５００行にわたって粘土板に刻まれている。

＊5　メソポタミア神話の至高神的な存在で、「荒れ狂う嵐」という異名を持つ。短気で激情家で破壊的で、外敵の流入による都市の滅亡や洪水などの天変地異は、すべてエンリルによってもたらされたという。

＊6　エンリルの異母弟。エンリルが飢饉・干ばつ・洪水によって人類を滅ぼそうとしたときに、それを阻止したため、人類は生き延びることができた。

アトランティスの候補地は1700か所！サントリーニ島またはクレタ島が本命か

伝説の島、アトランティス。この島の人々は誠実で、人としての道を外すことなく心豊かに暮らしていました。

ところが、時が経つにつれて、人々はしだいに堕落していきました。神を敬わず、好戦的になったため、ついに主神ゼウスの怒りを買ったのです。ゼウスは地震と洪水を起こし、1日とひと晩でアトランティスを海に沈めてしまいました。

これは、古代ギリシアの哲学者プラトンの『クリティアス』[*1]と『ティマイオス』に書かれている、アトランティス滅亡の物語です。

多くの研究者がこの物語に魅せられ、真実だと思い、アトランティスが沈んだ地を必死に捜しました。

最初に注目されたのが大西洋です。プラトンは、その場所のこと

*1 2作とも、プラトンによる対話形式の著作の一環。『クリティアス』にはアテナイの政治家で著述家のクリティアスが、『ティマイオス』にはピタゴラス派の哲学者であるティマイオスが、主たる話者として登場する。

を「ヘラクレスの柱の外側」[*2]と書いていました。ジブラルタル海峡にある岬のことで、その外側には大西洋が広がっています。

こうして大西洋からはじまったアトランティス捜しですが、決め手は見つかりませんでした。しかし、その後もアトランティス捜しはつづけられ、今や候補地が1700か所もあります。

そのなかで最も有力視されているのがエーゲ海に浮かぶサントリーニ島です。テラ島を中心に5つの小さな島が連なり、ドーナツ形に並んでいます。昔のサントリーニ島は、円形の島でした。紀元前1470年ごろに火山が噴火して中央部にカルデラができ、そこに海水が入って現在の姿になったのです。この島の火山灰の下からは人骨や、フレスコ画で飾られた大宮殿、そして家々が発掘されています。アトランティス伝説そのものに思えますが、何しろ規模が小さすぎます。アトランティスには強大な軍隊もありましたし、何万人もの人々が暮らしていたといわれています。

もしかしたらサントリーニ島は、アトランティスの島のひとつだ

*2 ギリシア神話の英雄ヘラクレスがエリュテイアへ向かう途中、近道をしようとして巨大な山をふたつに砕いた。その結果、大西洋と地中海がジブラルタル海峡でつながった。以後、ふたつに分かれた山をひとまとめにして「ヘラクレスの柱」と呼ぶ。ヨーロッパ側の柱は「ジブラルタルの岩」(左の画像)と考えられているが、アフリカ側の柱については諸説ある。

ったのかもしれません。また、サントリーニ島から南約１００キロメートルにあるクレタ島が本命のような気もします。

エーゲ海の南縁に浮かぶクレタ島には、代々王がいました。アトランティス伝説によれば、「牡牛を儀式に用いた」とか。このクレタ島に残るクノッソス宮殿には、牡牛にまつわる伝説[*3]があります。

さてさて、アトランティスはどこにあったのやら。真実はわからないものの、かつてはクノッソス宮殿を中心にミノア文明が広がりを見せていましたので、もしかすると、とも思います。

あるいは、クレタ島とサントリーニ島のどちらも、アトランティスに関係があるのかもしれません。じつは、クレタ島には火山がないにもかかわらず、火山灰や軽石が発見されているのです。これがサントリーニ島から運ばれたとしたら、どうでしょう。

ギリシア本土の南端にある岬が「ヘラクレスの柱」と呼ばれていたという説もあります。だとしたら、これらの島こそが「ヘラクレスの柱の外側」なのかもしれません。

*3　クレタ王ミノスは、海神ポセイドンに捧げるはずだった美しい牡牛を自分のものにしたためポセイドンの怒りを買い、王妃パシパエが牡牛に恋心を抱くようにされてしまった。その結果、パシパエは牡牛と交わり、牛の頭を持ったミノタウロスを産む。

ポンペイ島のナンマドールにムー大陸の遺産が眠っている!?

私は地図を見るのがなぜか大好きです。太平洋を見ていますと、そこに大陸があるほうが自然だと思えてくるから不思議です。

ミクロネシア連邦という文字がいきなり大きく見えたので、ミクロネシア連邦がよくわかる地図をあわてて広げました。カロリン諸島[*1]を見つけたら「沈みかけた島」という声が聞こえました。ポナペは大昔、陸つづきだったとも書きたくなります。

「ポリネシアやミクロネシアには伝説があります」と、不思議な世界の方の声。どんな伝説なのか興味津々で耳を傾けました。

「創造主であるタアロア[*2]が、自分の考えに服従しない民に腹を立て、世界を海の中に沈めようとしました。しかし、大地の多くは水に没したものの、その先端が残り、今の島々が形成されました」

*1 ミクロネシアにある諸島。ミクロネシア連邦に属するヤップ島やポンペイ島（ポナペ島）、パラオ共和国のパラオ諸島をはじめ、963の島々からなる。

*2 ポリネシア世界の造物主にして最高神。マオリ語ではタナロアと呼ばれ、ハワイ神話にはカナロアという名で登場する。

タヒチには、天地創造の歌が残っています。
「神々の祖たるタアロア。彼により万物成れり。太古より大洋タアロアが存在す。万物の根源なる神。主神タアロアの怒りを買って、ある日、大地が沈んで海に滅びた」

ムー大陸の伝説は、今も人々の心をとりこにしています。
突然の大地震と火山噴火がこの大陸を襲い、大津波は一夜にして大陸を海に沈めた――。

これが事実かどうかはわかりませんが、最近の自然界の猛威を目の当たりにすると、あり得るように思えてきます。

ハワイ諸島、ニュージーランド、イースター島を結んでみると、不思議な感じのする三角形[*3]が登場します。この海域には数千もの島々が点在するそうです。ムー大陸の名残かもしれません。

ポリネシア。そう書いたとたん、一枚の写真が見えました。ヒンドゥー教の古い寺院。場所はインドのように感じます。
「この寺院の穴倉には、粘土板が何枚もありました。残念なこと

*3 ハワイ諸島、ニュージーランド、イースター島を結ぶと、左のような三角形が出現する。チャーチワードが作成したムー大陸の地図に重ねてみた。

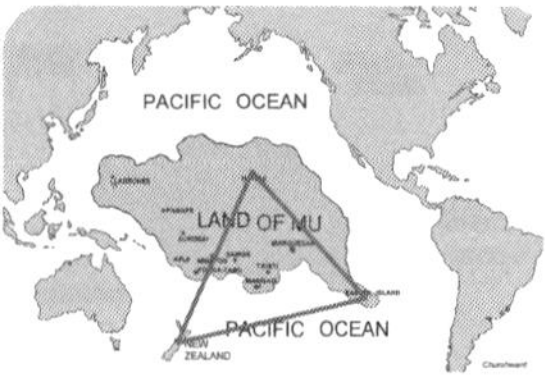

に、今はお金持ちの収集家が持っています。カロリン諸島のポナペ島の海底には、今も数十枚もの粘土板が眠っていますが、見つけるのは難しいでしょう。ナンマドール[*4]なら、まだ見つかるとは思います」

不思議な世界の方が、このように話されました。

「ムー帝国は、多角形の石柱を交互に積み重ねる技術を持っていました。王の宮殿もこの方式で建造されたのです」

別の声が聞こえてきました。

「ナーカル[*5]たちが布教のときに用いた品物が今も存在する」のちに『旧約聖書』として伝えられた物語は、このナーカルたちの話をもとにしたものだと思えてきました。

「ポリネシアの神話には、巨大な陸地の話が出てきます」

イースター島、ニュージーランド、そしてインドにも、大陸の存在を伝える物語が残っているそうです。ムー大陸の真実は、イースター島とマンガイア[*6]島の巨石人像か、人工の海上都市のあるポナペ島？　いずれにせよ「巨石」にヒントが隠されているようです。

***4**　ポンペイ島の南東部にある人工島群。左の画像のように、玄武岩柱が積み重ねられている。

***5**　「ナーカル」とは、ムー関連の文献ではナーカル文字のことだが、ここでは「僧侶」という意味で使用されているようだ。

***6**　南太平洋にあるクック諸島のひとつで、火山性の島。

近い将来、日本の上空にＵＦＯが飛来する可能性あり！

これから書こうとしているお話は、とても不思議な内容ですが、信じたくなるというのが本音です。

かつて、全日空の機長、副操縦士、機関士の3人[*1]が、ＵＦＯを目撃したそうです。「全日空三沢事件」といわれているこの出来事が起きたのは、１９８２年10月のことでした。

全日空機７７１便は、高度約１万１００メートルの空域を飛行しながら、青森県三沢市の上空を通過し、下北半島にさしかかりました。午前10時ごろの出来事です。

このとき、薄茶色をした葉巻形の物体が、突然3人の目の前に出現したのです。さぞかし驚いたことでしょう。目視では人差し指くらいの大きさで、飛行機と物体との推定距離は16キロメートル。実

＊1　機長の北野康次、副操縦士の安高尚樹、機関士の吉川昭彦の3人。

際の大きさは、ジャンボ機の5〜6倍だったそうです。

その物体は、ゆっくりと右上に傾きながら、771便のほうに向きを変えました。771便は、そのときすでに着陸態勢にあったため、物体の下を通過することになりました。[*2]

771便が高度9500キロメートルまで降下すると、物体は姿を消したそうです。発見から4〜5分後のことです。

物体を発見後、機長はすぐに札幌の航空管制センターに確認しましたが、センターのレーダーには何も映っていなかったのです。

UFOの目撃談は、いたるところにあります。私自身も何度かこの目で見たのですが、あなた様はUFOの正体について、どのように思われますか。

今ふと感じたのですが、近い将来、日本でUFO出現のニュースを聞くことができそうです。三沢事件とよく似た出来事が起こるように思うのです。

UFOファンの皆様、楽しみにお待ちください。

＊2　UFO研究家・並木伸一郎が関係者に取材したところによれば、おそらく771便は、飛行物体の真下を通過して、千歳空港に着陸したのではないかと、副操縦士が語ったそうだ。また、函館や三沢付近では、謎の飛行物体がしばしば目撃されるという話も出たようだ。

ＵＦＯは太陽光を動力として航行し、それ自体の重力を利用して伸縮する？

地球上の生き物が、太陽の恩恵を受けていることは、だれでも知っています。でも、多くの人は、日々の暮らしのなかで「ありがたい」とは思っていない気がします。

太陽崇拝をしていた時代は、自然界とともに生きているという実感があったためでしょうか、「私たちは生かされている」と、ごく自然に感じ取っていたように思います。

話はガラリと変わりますが、ＵＦＯは、太陽の光を薄い膜で受けながら、宇宙空間を自由に旅しているのではないかと、なぜか思いました。そしてＵＦＯは、それ自体の重力を利用して縮むことができるのでは……？　そんなことを書きたくなるのです。

太陽系の惑星は、ガス雲[*1]が縮むことで生まれたと、不思議な世界

*1　約46億年前、水素を主成分と

の方が話されています。縮むときはわずかに回転するのですが、このとき必ずといっていいほど円盤状になるそうです。

円盤状のガス雲の中では、ケイ素や鉄などが集まって小さな天体をつくり、その小さな天体が集まって、大きな天体になるのだと教えてもらいました。

そういえば、UFOのなかにも円盤形をしているものがあります。「空飛ぶ円盤」という言葉もありましたね。その円盤形のUFOが並ぶと、葉巻形になるようにも思えます。

私たちは、まだまだ太陽の力を知らない気がするのです。太陽の黒点に秘められた力も、そのひとつです。

黒点では磁場がとても強く、磁気による圧力があるため、温度が低いのだそうです。その絶妙なバランスを利用しているのがUFOだとしたら？ まったくわからないのに、こんなことを書いてしまいました。

天才的な知恵を持ち、太陽の力をうまく利用する生き物が太陽系

するガスの雲（星間雲）が、重力によって収縮しながら回転しはじめ、その中心に原始太陽が誕生した。原始太陽に取り込まれなかったガスの雲は、円盤状の原始太陽系星雲となり、原始太陽を取り囲んだ。

*2 太陽の表面温度は約6000度Kだが、黒点は、中央の暗部が約4000度K、その周囲の半暗部は約5500度K。黒点が黒く見えるのは、こうした温度差があるためだ。なお、黒点の温度が低いのは、そこに強い磁場があり、太陽の熱や光の流れがさえぎられるからだとされている。

のどこかにいるとしたら、どうでしょう。大きさを自由に変えることができ、飛ぶためのエネルギーを必要としない飛行物体をつくっているかもしれません。

今のところ、地球以外の惑星に、知的な生命体がいるという証拠は発見されていません。でも、世界中のパソコンのなかには、宇宙からの人工的な電波をキャッチしているものがあるのではないかと、最近思ったりもしています。

詳しいことはよくわかりませんが、パソコンやスマホは、ノイズといいますか、さまざまな電波をキャッチしているのですよね。そのなかには人工的な電波も混ざっていて、しかるべき装置を取りつけると、検出できるように思うのです。それによって、もしかしたらＵＦＯの謎が解けるかもしれません。

パソコンやスマホの機能がさらに進化すると、未知との遭遇ができると、私は信じているのです。そのためには、電波だけでなく、音波にも注目する必要があるようです。

指で三角形をつくって空を見ると、UFOの目撃確率が上がる⁉

急に部屋が静かになりました。クーラーの音も消えました。耳の奥に花が咲いたような、不思議な気持ちになっています。

どんな感触かというと、頭の中に、花が次から次へと咲いていき、春先の心地よさが広がっているのです。

わが家の老犬が、私のそばでとつぜん吠えはじめましたが、なぜか遠い部屋で吠えているような、不思議な感覚を味わっています。

「UFOファンの皆様には、嬉しいお話をしましょう」

花が咲いた頭の中に、こんな声が聞こえてきました。

「海外では、メキシコの南シエラマドレ[*1]（Southern Sierra）山脈で、多くのUFOを見ることができます」

男性の声です。英語が見えてきたので、一緒に書いておきました。

*1 シエラマドレ山脈の南部にあるポポカテペトル山付近は、古くから世界有数のUFO出現スポットといわれている。2012年10月25日深夜には、ポポカテペトル山の火口に謎の飛行物体が突入。その直後に噴火が起こったため、大きな話題となった。

「日本では、瀬戸の海に浮かぶ小島、三保の松原沖、東京湾アクアライン、浅間神社の頭上、長野県の斑尾《まだらお》山から高社山付近、伊勢神宮から熱田神宮を結ぶ太陽の道は、夏から初冬の雨がつづいた翌日で、空気が乾燥した日には見えやすいですよ」

今度は、中性的な声が語りかけてきました。

「それと、同じ時間、同じ場所で、両手の親指と人差し指で三角形をつくり、そこから空を見あげてみると、空の見え方が不思議なくらい変化します。

場所は、ご自分が心落ちつく場所を選んでください。ご自分の部屋でも、お気に入りの空き地や、建物の屋上でもけっこうです。時間も、お好きな時間でかまいません。

行うときは、疑う心を持ったり、見たいと思いすぎたりしないこと。思いすぎると、かえって見えなくなります。

指で三角形をつくって空を見るときは、『お会いできますように』と、一度だけ声に出して、空に話しかけてください。

毎日つづけるより、『会いたいなぁ』と思える日に行うほうがよいでしょう。1回目より2回目と、回数を重ねるごとにコツがわかってきます」

不思議な世界の方のお話がつづきます。

「UFOを見ることができたとしても、特別な人になれるわけではありませんが、本来の素直な心を取り戻せます。また、宇宙のエネルギーが体に入ってくるので、今までにない気力が生まれ、心身が軽くなるのを感じられるはずです」

ここまで書き終えて「ふう」と、ひと息つきました。知らず知らずのうちに、息を凝らしていたようです。

そういえば以前、「不思議な世界の方」がニコニコしながら、天空人（異星人）と遭遇した人が描いたという絵を私に見せてくださったことがあります。

そこに描かれた天空人は、身長2メートルで、ぐるぐる回る目を持ち、耳は「宇宙大作戦」のスポックのように大きく上に伸び、鼻は天狗のよう。

胸は大きく息を吸ったかのようにふくらみ、足は大きく、手の指[*1]は3本でした。

不思議な世界の方が笑っていたので、「ホントかなぁ」とは思いましたが、お伝えしたくて書いちゃいました。

おお、それとね。頭のてっぺんに、ハタキのような手がありました。なんともユーモラスな姿の天空人です。

*1 2017年6月、ペルーのナスカで3本指のミイラが発見された。筆者が見せてもらったという異星人の絵と、なんらかの関係があるのかもしれない。

自分のために時間をかけると、幸せになるための勘が養われます

自分がつくる料理のおいしいこと。自画自賛ですが、自分がつくる物って自分の味覚にピッタリです。

私ね。自分のために時間をかけるのが大好きなのです。料理もそのひとつです。お弁当を買ってきても、そのまま食べることはしません。お気に入りの食器に移し、おいしそうに盛りつけます。

自分を大切にしないと、なんだか損をしたような気がするのです。

自分のために何ができるか、あなた様も一度じっくりと考えてみてください。「自分のために」と自覚しながら心を込めて行動すると、胸の奥がキュ〜ッとするはずです。

自分のために何かをすることは、勘を磨くことにもつながると信じています。

私たちはだれもが、身を守り、幸せになるための「勘」を持っています。「自分にはないなあ……」などと、思わないでくださいね。

自分が自分であるという意識を高めることが、勘を育てます。

試しに、ご自分の名前を声に出していってみてください。いかがでしょう。どんな気持ちになりましたか。

この広い地球上で、「自分」は自分ひとりだけです。

ご自分の嫌いな部分を思いだして、

ご自分をいじめるのはタブーです。それより、ご自分が生きていることをハッキリと認識してくださいね。

ご自分を勇気づけ、励まし、お心を元気にすることも大事です。そうすると、生きる力が自然に高まり、あなた様を守る神様が、ますますやる気を出してくださいます。

眠る前には、その日一日、ご自分が何をして、何を考えていたのかを思いだしてみましょう。すると翌朝、心がすっきりして、いつもより勘の働きがよくなります。

そりゃあね。辛いときも、悲しいときもあるでしょう。他人様ばかりが幸せに見えたり、自分だけが孤独だと思えたりすることもあります。

そういう思いは、私も経験いたしました。

そのとき気づいたのは、「この地球には、私と同じ思いをしている人が、他にもきっとたくさんいる」ということです。「なぜ自分だけがこんな思いをするのか」と考えるのをやめたとき、心が明るくなりました。

同じ一日なら、小さなことにこだわらず、自分の心が明るくなることを大切にして過ごすのがいちばんです。あなた様がお心を軽やかにすると、まわりの人もその「気」を感じて、心が軽やかになります。それだけでも、世のため、人のためになっている気がするのです。

ですから、ご自分の心を癒す時間を持ってください。今日一日、ご自分をいじめるのはお休みにして、明日から楽しく生きると決意してください。拳を握って「私は明日から楽しく生きます！」と宣言すると、効き目がありますよ。

ご自分の人生をどのようにするかは、ご自分の心のあり方によって決まります。だったら、ご自分の心を優しく包み込むような思考で暮らさないと損をします。

先日、すごい体験をしました。

歩行者用の信号が青になったら、私のために車が11台も止まったのです。

当たり前のことだろうといわれそうですが、そのとき道を渡ったのは、私だけでした。11台の車を止めて渡ったのですよ。すごくないですか。

こうしてね、楽しいことを捜すとね、心が若くなるのです。

もちろん、信号が赤になったから、交通ルールに従って車が止まったことはわかっています。でも、私ひとりのために止まってくれたのだと思うと、お姫様になったような気がするのです。

あなた様も捜してみませんか。「うふふ」と喜べることを。

おわりに

不思議な世界の方々が、私を通して皆様に伝えたかったこと

最後までお読みいただき、ありがとうございます。

読み終えられて、お疲れになられませんでしたか。

この本は、後から思いだし、気になるところを読み直していただくと、お心にしっくりくると思っています。

不思議な世界の方々が私のお師匠様なので、私自身がわかっていない箇所も多くあります。

お読みくださったあなた様に、ご自身の知識と照らし合わせていただきたいところもいくつかあるのですが、いかがでしたでしょうか。

だれかの書いた一冊の本を手に取り、ページを目で追っていきますと、読み手と作者が思いを共有することができます。読み進めば進むほど、作者との距離が縮まるように思えますし、書かれている内容に共鳴することもあれば、違和感を覚えることもあるでしょう。読み手の感覚ひとつで、読後の感想もずいぶんと違います。

もしかしたら、この本をお読みくださったあなた様は、心にずっしりと重いものがのしかかったような気持ちになられたかもしれません。でも、ここに書かせていただいた内容は、不思議な世界の方々が、私を通して皆様に伝えたかったことだと、私は受けとめています。

一日の過ごし方は人それぞれですが、自分でも「充実した一日だった」といえる日の少ないことに気づきます。

なんとなく過ごしても、一日は一日。

忙しい、忙しいと過ごしても、一日は一日。

でも、今日という日が一度だけであることに変わりはありません。だからこそ、一日一日が大切なのです。

あなた様の大切な人生の時間を、私のこの本を読む時間にお使いいただけたと思うと、「ありがたい」としかいえません。

こうして「おわりに」をお読みいただいている間にも、時は過ぎていきます。私の本を手に取っていただけた。これだけで私は、あなた様とのご縁を感じます。今の日本で、いかに多くの本が出版されているかは、書店にいけばわかります。そのなかから、こうして選んでいただけたのですから、感謝しかありません。


人の世は、ひとりひとりの「思い」が、まるでジグソーパズルのように絡みあい、成り立っています。形は個々にバラバラでも、ある日、完成した一枚の絵となり、そこからまた離ればなれになって、新たなジグソーパズルをつくっていきます。

人生は、終わってしまえばあっという間かもしれませんが、一日一日を見れば、疲れたり、喜んだり、ときには自分で自分を励ましたりと、心の中の「思い」がさまざまに変化していることがわかります。こうした「思い」は、まるでひとつの生命体であるかのように、私たちと一緒に暮らしています。それを不思議だと思うこともなく、私たちはさまざまな思いを心の中につくりだし、喜怒哀楽を演じているのです。

この本を読み終えられたあなた様のお心に「今日も一日、がんばろう」という思いが少しでも生まれたら、「書いてよかった」と心から思えます。また、生きるうえでの参考書にしていただけたら、私にとっては励みになりますし、これからも文章を書くことが楽しみになります。

読んでくださる皆様方があっての私です。この本を通じて、あなた様とご一緒に時を刻めたことは、大きな喜びです。ありがとうございました。

２０２０年10月吉日

松原照子

【著者】
松原照子（まつばら・てるこ）
1946年10月15日、兵庫県神戸市に生まれる。作家・株式会社SYO代表取締役。自身のブログ「幸福への近道」では、日々のふとした思いを書き記した「日記」と、「不思議な世界の方々」に導かれるまま、見える・感じる・聞こえることを綴った「世見」を毎日更新。世界各地に愛読者がいる。『聞いてビックリ「あの世」の仕組み』（東邦出版）、『松原照子の未来予言』（学研プラス）などの著書がある。

ムー・スーパーミステリー・ブックス
松原照子の聖世見

2020年12月 4 日　第1刷発行
2021年 1 月18日　第2刷発行

著　者　松原照子
発行人　松井謙介
編集人　長崎有
編集長　三上丈晴
発行所　株式会社　ワン・パブリッシング
〒110-0005　東京都台東区上野3-24-6
印刷所　中央精版印刷 株式会社
製本所　中央精版印刷 株式会社

●この本に関する各種お問い合わせ先
本の内容については、下記サイトのお問い合わせフォームよりお願いします。
https://one-publishing.co.jp/contact/
在庫については　Tel 03-6854-3033（販売部直通）
不良品（落丁、乱丁）については　Tel 0570-092555
業務センター　〒354-0045 埼玉県入間郡三芳町上富279-1

ワン・パブリッシングの書籍・雑誌についての新刊情報・詳細情報は、下記をご覧ください。
https://one-publishing.co.jp/
シリーズ等のサイト　https://gakkenmu.jp/